TARTARES
&
CARPACCIOS

ANDREA JOURDAN

TARTARES
&
CARPACCIOS

100 combinaisons
fraîches et raffinées,
salées et sucrées

Photographies de Philip Jourdan

Les Éditions
Transcontinental

{SOMMAIRE}

LES SAUCES

{INTRODUCTION}

Paris, été 1980. Il fait très chaud et je suis affamée. J'entre dans un bistro un peu chic et très bruyant, comme le sont tous les bistros parisiens à midi. Je demande au garçon quel plat pourrait m'être servi le plus rapidement. «Le carpaccio de bœuf, bien sûr.» Au moment où il pose devant moi une assiette rouge carmin garnie de copeaux de parmesan, de petits grains de poivre et d'huile d'olive, je suis saisie d'un vif étonnement. «Un tartare en tranches? De la viande crue! Sympathique. Qu'est-ce qu'ils ont encore inventé, ces Parisiens?»

Première bouchée: c'est bon. Je ferme les yeux et j'en prends une deuxième. Quelle belle idée! Comme le carpaccio était servi à volonté, je n'ai pu refuser une autre assiette. Quelle fraîcheur! Après la troisième assiette, je suis rentrée chez moi. **Sans m'y attendre, je venais d'être initiée à la préparation et à la dégustation d'un plat qui allait me permettre de transformer dorénavant plusieurs repas rapides en joyeux événements.**

Mais d'où venait donc ce mets étonnant? Le nom Carpaccio évoquait pour moi l'Italie et la peinture de la Renaissance. Quelle ne fut pas ma surprise en apprenant que cette recette avait été inventée en 1950! Giuseppe Cipriani, propriétaire du Harry's Bar de Venise, l'a créée pour une comtesse à qui ses médecins avaient recommandé de ne pas manger de viande cuite. Il lui a donné le nom de «carpaccio», un beau clin d'œil à Vittore Carpaccio, un peintre de l'école vénitienne réputé pour son utilisation abondante de tons rouge vif dans ses œuvres. Le carpaccio est vraiment à l'image du Harry's Bar : à la fois simple et complexe, léger mais intense, un brin aristocrate et riche en saveurs. Le carpaccio est resté une spécialité de ce restaurant mythique, mais il était inévitable que de nombreux établissements européens, puis nord-américains, s'empressent de l'imiter et de l'inscrire à leur menu. C'est ainsi que le mot «carpaccio» est devenu un nom générique désignant les recettes de viandes, de poissons et de légumes crus.

Pour ma part, depuis ma découverte du carpaccio dans ce bistro parisien, je bénis la comtesse Amalia Nani Mocenigo (qui se rappelle encore son nom?) d'avoir inspiré cette recette qui me tire souvent d'embarras, en plus de faire mon bonheur et celui de mes invités pendant tout l'été. J'ai servi le carpaccio à de nombreux convives et de mille et une manières. Il s'adapte à tous les repas, à tous les styles et à toutes les sauces. Sa principale qualité est sa préparation extrêmement rapide. De plus, il est toujours joli dans l'assiette. C'est le repas par excellence à partager entre copains autour d'une table à pique-nique avec une bouteille de vin blanc bien frais. On peut aussi le servir en entrée pour une célébration ou en faire un lunch fort satisfaisant. J'aime apprêter le carpaccio à l'italienne, mais c'est sans complexe qu'il m'arrive parfois de lui donner un goût marocain, indien ou norvégien selon l'humeur du moment. Quelle que soit la manière de le présenter, le carpaccio a toujours beaucoup de panache.

Quant au tartare, il me semble que je le connais depuis toujours. Je n'oublierai jamais la première fois où ma fille Francesca, encore toute petite, en a commandé un. Nous étions attablés dans le restaurant d'un hôtel où elle s'amusait à observer les allées et venues des serveurs. Soudain, elle a décidé qu'elle voulait manger le « truc de viande avec l'œuf sur le dessus comme la dame de la table à côté ». D'accord, elle pouvait l'essayer. On lui apporta le tartare, qu'elle dévora sans aucune hésitation en allant jusqu'à oublier les frites qui l'accompagnaient. J'étais impressionnée alors qu'elle n'y voyait rien d'extraordinaire, sinon qu'elle venait de manger un plat qu'elle allait aimer toute sa vie.

Comme le carpaccio, le tartare s'accompagne fort bien de différentes sauces et épices. Son histoire est simple. C'est au début du XXe siècle que le « steak tartare » commence à figurer au menu de plusieurs restaurants. On l'appelait aussi « steak à l'américaine », tel que mentionné dans l'édition du *Larousse gastronomique* de 1938 dans laquelle on trouve la recette du « bifteck à l'américaine » servi cru et haché, avec un jaune d'œuf ainsi que des câpres, des oignons et du persil hachés. Le « bifteck à la tartare » était identique, mais sans jaune d'œuf. On le servait plutôt avec une sauce tartare (sauce mayonnaise froide additionnée d'huile et d'oignons verts). Ces deux apprêts ont fini par fusionner, et on donne aujourd'hui le nom de « tartares » aux plats de viandes ou de poissons crus, hachés et additionnés de condiments, servis avec ou sans jaune d'œuf cru.

Les tartares et les carpaccios sont si bons qu'on les mange tout crus! Toutes les cuisines ont leurs recettes de « cru » simples et efficaces. Un bifteck cuit, si bon soit-il, ne sera toujours qu'un bifteck ordinaire. Servi cru, froid, épicé et joliment présenté, le même morceau de viande sera davantage mis en valeur. Il donnera de l'éclat et de l'élégance à un repas qui aurait pu s'avérer banal autrement. Il suffit en somme d'un couteau et de quelques ingrédients pour nous transformer en grand chef.

Compte tenu qu'aucune cuisson n'est requise, les carpaccios et les tartares font le bonheur des cuisiniers amateurs. Quant aux pros, il leur suffit de consacrer leurs talents à la confection des sauces, des accompagnements et des garnitures. C'est du tout cuit, quoi!

Allez, à vos couteaux, bande de Tartares!

{CE QU'IL FAUT SAVOIR}

CONGELER

Enveloppez le morceau de viande ou de poisson dans de la pellicule plastique, puis mettez-le au congélateur jusqu'à ce qu'il soit ferme et dur.

TRANCHER

Il faut toujours mettre le morceau de viande ou de poisson au congélateur une heure avant de le trancher afin d'obtenir des tranches beaucoup plus minces et uniformes. Cela est particulièrement nécessaire pour les poissons à chair molle. Il est préférable de procéder au tranchage à la dernière minute, sinon on doit couvrir les assiettes de pellicule plastique et les garder au réfrigérateur jusqu'au moment de servir, mais pas plus de deux heures. Pour les légumes, l'utilisation de la mandoline donne de meilleurs résultats.

HACHER

Il ne faut jamais utiliser le mélangeur, le broyeur ou quelque autre «instrument de torture» pouvant abîmer les chairs. Un bon couteau bien aiguisé, à lame plus ou moins longue selon les aliments choisis, ou un hachoir manuel ou électrique fera un bon travail. Hachez les aliments au dernier moment, sinon réfrigérez-les, mais pas plus de deux heures.

ASSAISONNER

Assaisonnez toujours les carpaccios à la dernière minute afin de préserver la fraîcheur des sauces, des épices et des fines herbes sans risquer de «cuire» les chairs. Pour les tartares, il est bon de mélanger la viande ou le poisson avec les fines herbes, épices et condiments environ 20 minutes avant de les servir afin de laisser aux différentes saveurs le temps de se marier. Une fois leur préparation terminée, gardez-les au réfrigérateur jusqu'au moment de servir.

LES SAUCES

Pour les carpaccios, il est préférable de toujours servir une sauce dont le goût est un peu plus intense que celui de la viande ou du poisson choisi. Servez-la en petite quantité puisqu'il faut éviter de noyer le produit de base. Mieux vaut trop peu de sauce que trop. Il ne devrait pas en rester la moindre goutte dans les assiettes.

LA SALUBRITÉ

La manipulation des viandes et des poissons crus exige une hygiène impeccable. Il est essentiel de bien nettoyer planches à découper et couteaux avant et après chaque utilisation et entre les différents aliments choisis.

LES PIQUE-NIQUES

Si vous emportez un carpaccio ou un tartare en pique-nique, il est recommandé de le portionner préalablement à la maison et de le mettre dans des assiettes individuelles recouvertes de pellicule plastique. Mettez celles-ci directement sur la glace de votre glacière. Servez le plat dès votre arrivée sur les lieux prévus pour votre pique-nique. Accompagnez-le d'une salade de pommes de terre ou de laitue et de croûtons de baguette.

Cette recette est semblable à celle du célèbre carpaccio servi au Harry's Bar de Venise.

{CARPACCIO DE BŒUF TRADITIONNEL}

4 PORTIONS

14 oz (400 g) de filet
ou de contrefilet de bœuf

3/4 tasse (180 ml) de mayonnaise

2 c. à thé (10 ml) de sauce Worcestershire

1 c. à thé (5 ml) de jus de citron

2 c. à table (30 ml) de crème 15 %

1 pincée de sel

Poivre blanc moulu

1. Placer la viande au congélateur pendant 1 heure. 2. Dans un bol, à l'aide d'un fouet, mélanger la mayonnaise, la sauce Worcestershire et le jus de citron. Verser la crème lentement sans cesser de fouetter. Ajouter le sel et poivrer au goût. Mettre au réfrigérateur jusqu'au moment de servir. 3. À l'aide d'un couteau bien aiguisé ou d'une trancheuse, découper la viande en tranches très fines et disposer celles-ci dans des assiettes individuelles. Napper de sauce mayonnaise et servir aussitôt.

Une version extrêmement simple, comme aux premiers temps du « steak tartare ».

{TARTARE DE BŒUF TRADITIONNEL}

4 PORTIONS

1 lb (500 g) de filet
ou de contrefilet de bœuf

1 c. à thé (5 ml) de sel

2 c. à thé (10 ml) de poivre noir

4 jaunes d'œufs crus

1 oignon, haché finement

1 botte de persil, hachée finement

2/3 tasse (160 ml) de câpres, égouttées

1/4 tasse (60 ml) de moutarde de Dijon

1. À l'aide d'un hachoir ou d'un couteau, hacher la viande très finement. Placer dans un bol, couvrir de pellicule plastique et mettre au réfrigérateur pendant 15 minutes. **2.** Saler et poivrer la viande, mélanger et former 4 galettes. Disposer celles-ci dans des assiettes individuelles. Presser le centre avec le pouce pour faire une petite cavité et y déposer délicatement un jaune d'œuf. **3.** Garnir d'oignon, de persil, de câpres et de moutarde. Servir aussitôt. Chaque convive pourra mélanger son tartare à sa guise.

{CARPACCIO DE BŒUF À L'ESTRAGON}

4 PORTIONS

14 oz (400 g) de filet
ou de contrefilet de bœuf

1 échalote, hachée

3 c. à table (45 ml) d'estragon frais, haché

1 tomate, hachée finement

Sel et poivre noir du moulin

2 c. à table (30 ml) d'huile d'olive

1 c. à table (15 ml) de jus de citron

1 c. à thé (5 ml) de fleur de sel

1. Placer la viande au congélateur pendant 1 heure. 2. Dans un bol, mélanger l'échalote, 1 c. à table (15 ml) d'estragon et la tomate. Saler et poivrer au goût. 3. Dans un petit bol, mélanger l'huile d'olive, le reste de l'estragon et le jus de citron. Laisser reposer au moins 20 minutes. 4. À l'aide d'un couteau bien aiguisé ou d'une trancheuse, découper la viande en tranches très fines et disposer celles-ci dans des assiettes individuelles. 5. Garnir de la préparation à la tomate. Arroser d'huile d'olive aromatisée, saler au goût et servir aussitôt.

{TARTARE DE BŒUF À L'ITALIENNE}

4 PORTIONS

1 lb (500 g) de filet
ou de contrefilet de bœuf

1 échalote, hachée finement

1 botte de persil frais, hachée

8 feuilles de sauge, hachées

1/2 tasse (125 ml) de câpres, égouttées

3 jaunes d'œufs crus

1 tasse (250 ml) de parmesan, râpé

3 c. à table (45 ml) de ketchup

Sel et poivre noir du moulin

Quelques copeaux de parmesan

3 1/2 oz (100 g) de roquette

1. À l'aide d'un couteau bien aiguisé, hacher la viande très finement, puis la mettre dans un grand bol avec l'échalote, le persil, la sauge, les câpres, les jaunes d'œufs, le parmesan et le ketchup. Saler et poivrer au goût.
2. Bien mélanger les ingrédients et façonner des boulettes. Disposer celles-ci dans des assiettes individuelles et mettre au réfrigérateur pendant 15 minutes. 3. Garnir chaque portion de copeaux de parmesan et de roquette. Servir aussitôt.

Une entrée
très chic pour
un repas de fête.

{CARPACCIO DE SAUMON
EN MILLEFEUILLES}

4 PORTIONS

1/2 lb (250 g) de saumon frais

1 c. à table (15 ml) de jus de citron

1/2 tasse (125 ml) de crème à fouetter 35 %

1 c. à table (15 ml) de mayonnaise

1 c. à table (15 ml) de cognac

1 botte de ciboulette, hachée finement

Sel et poivre noir du moulin

5 oz (150 g) de caviar de saumon

1. À l'aide d'un couteau bien aiguisé, découper le poisson en tranches très fines. À l'aide d'un pinceau, badigeonner chacune d'un peu de jus de citron. 2. Dans un bol, à l'aide d'un batteur électrique, monter la crème jusqu'à l'obtention de pics assez fermes. Ajouter la mayonnaise, le cognac et la ciboulette. Saler et poivrer au goût, puis mélanger délicatement. 3. Mettre une tranche de saumon dans chaque assiette. Garnir d'un peu de crème, puis d'un rang de caviar. Couvrir d'une tranche de saumon, ajouter de la crème et encore un peu de caviar. Terminer par une tranche de saumon. 4. Mettre au réfrigérateur 5 minutes avant de servir.

{TARTARE DE TOMATE VERTE}

4 PORTIONS

8 tomates vertes, en petits dés

1 échalote, hachée finement

1 gousse d'ail, hachée finement

1 botte de basilic, hachée

1 botte de persil frais, hachée

2 c. à table (30 ml) de mayonnaise

3 c. à table (45 ml) de parmesan, râpé

Sel et poivre noir du moulin

12 feuilles de basilic, émincées

1 poivron rouge, haché finement

1/4 tasse (60 ml) d'huile d'olive

1. Mettre les dés de tomates dans une étamine et presser pour en extraire le jus. 2. Dans un grand bol, mélanger les tomates pressées, l'échalote, l'ail, le basilic et le persil. Ajouter la mayonnaise et le parmesan. Saler et poivrer au goût. 3. À l'aide d'un emporte-pièce, mouler le tartare de tomate dans des assiettes individuelles. 4. Garnir de basilic et de poivron. Arroser d'huile d'olive et servir aussitôt.

Ce plat délicat est une vraie surprise pour les papilles.

{CARPACCIO DE CERF ROUGE AU CAFÉ}

4 PORTIONS

14 oz (400 g) de filet de cerf rouge

20 grains de café

1/2 tasse (125 ml) d'huile de tournesol

2/3 tasse (160 ml) de crème à fouetter 35 %

1 c. à table (15 ml) de café espresso soluble non dilué

Fleur de sel

1. Placer la viande au congélateur pendant 2 heures. 2. Dans un bol, laisser macérer les grains de café dans l'huile de tournesol pendant 2 heures. 3. À l'aide d'un couteau bien aiguisé ou d'une trancheuse, découper la viande en tranches très fines et disposer celles-ci dans des assiettes individuelles. Couvrir de pellicule plastique et garder au réfrigérateur jusqu'au moment de servir. 4. Dans un bol, à l'aide d'un batteur électrique, battre la crème avec le café espresso jusqu'à l'obtention de pics fermes. 5. Arroser les tranches de viande d'un peu d'huile aromatisée au café. Saupoudrer de fleur de sel, garnir de crème au café et servir aussitôt.

{ CARPACCIO D'ORANGE
ET D'AVOCAT }

4 PORTIONS

4 oranges

2 c. à table (30 ml) de graines de carvi

1/2 tasse (125 ml) de jus d'orange

2 avocats

2 c. à table (30 ml) de zeste d'orange

1. Peler les oranges à vif, les couper en tranches très fines, puis les disposer dans une assiette. 2. Dans un bol, mélanger le carvi et le jus d'orange. Verser sur les tranches d'oranges et laisser macérer 30 minutes. 3. Peler les avocats et les découper en fines tranches à l'aide d'un couteau bien aiguisé ou d'une trancheuse. 4. Dans des assiettes individuelles, faire alterner les tranches d'avocats avec les tranches d'oranges. Napper de sauce à l'orange, parsemer de zeste d'orange et servir aussitôt.

{TARTARE D'AGRUMES
ET DE DATTES}

4 PORTIONS

2 pamplemousses roses, en dés

2 oranges, en dés

3 kumquats, en dés

4 dattes Medjool, en bâtonnets

3 c. à table (45 ml) de sucre

1/2 c. à thé (2 ml) d'anis étoilé moulu

1 c. à table (15 ml) d'eau
de fleur d'oranger

1 c. à table (15 ml) de vin blanc sec

1 c. à thé (5 ml) de feuilles
de menthe, hachées

1. Mélanger tous les ingrédients dans un grand bol et réserver au réfrigérateur pendant 1 heure avant de servir.

{TARTARE DE LA MER AU LAIT DE COCO}

4 PORTIONS

10 oz (300 g) de filet de sole

10 oz (300 g) de pétoncles

1 petit concombre libanais,
pelé et coupé en petits dés

1 morceau de gingembre de 2 po (5 cm),
pelé et râpé

2 c. à table (30 ml) de jus de lime

1 petite gousse d'ail

1 botte de coriandre

1/2 botte de basilic thaï

1 tasse (250 ml) de lait de coco

1/2 tasse (125 ml) de copeaux
de noix de coco

1. Couper le poisson et les pétoncles en petits dés. 2. Dans un bol, mélanger le poisson, les pétoncles, le concombre et le gingembre. Arroser de jus de lime. Couvrir de pellicule plastique et mettre au réfrigérateur pendant 2 heures. 3. Au robot culinaire, hacher l'ail, la coriandre et le basilic. Ajouter le lait de coco et mélanger. 4. Servir le tartare dans des assiettes individuelles. Garnir de copeaux de noix de coco et napper de sauce au lait de coco.

{CARPACCIO DE CANARD À L'AÏOLI}

4 PORTIONS

2 magrets de canard

3 gousses d'ail

2 jaunes d'œufs crus

1/2 c. à thé (2 ml) de sel

2 c. à table (30 ml) de moutarde de Dijon

1 piment fort, haché

1 c. à thé (5 ml) de vinaigre de vin

1 tasse (250 ml) d'huile d'olive

1. Placer les magrets au congélateur pendant 1 heure. 2. Écraser les gousses d'ail à l'aide d'un presse-ail et réserver. 3. Dans un bol, à l'aide d'un fouet, mélanger les jaunes d'œufs, le sel et la moutarde. Ajouter le piment, l'ail réservé et le vinaigre de vin. Verser l'huile d'olive en filet sans cesser de fouetter jusqu'à l'obtention d'une mayonnaise. 4. À l'aide d'un couteau bien aiguisé ou d'une trancheuse, découper les magrets en fines tranches. Disposer celles-ci dans des assiettes individuelles et servir aussitôt avec l'aïoli.

{TARTARE DE THON AUX RAISINS}

4 PORTIONS

1 lb (500 g) de thon rouge frais

1/4 tasse (60 ml) de jus de lime

1/3 tasse (80 ml) de raisins rouges,
coupés en deux

1/3 tasse (80 ml) de raisins verts,
coupés en deux

1 c. à table (15 ml) de ciboulette
fraîche, hachée

1 échalote, hachée

Sel et poivre noir du moulin

1 c. à thé (5 ml) de vinaigre balsamique blanc

2 c. à table (30 ml) d'huile de pépins de raisin

1 laitue, hachée

1. Couper le thon en petits dés. Arroser de jus de lime et réserver au réfrigérateur pendant 10 minutes. 2. Dans un bol, mélanger les raisins, la ciboulette, l'échalote et le thon égoutté. Saler et poivrer au goût. 3. Dans un autre bol, mélanger le vinaigre balsamique et l'huile de pépins de raisin. Saler et poivrer au goût. 4. Façonner la préparation au thon pour en faire des galettes et disposer celles-ci dans des assiettes individuelles. Ajouter la laitue, arroser de vinaigrette et servir aussitôt.

{CARPACCIO DE BISON À LA GRENADE}

4 PORTIONS

14 oz (400 g) de filet de bison

3 c. à table (45 ml) de jus de grenade

3 c. à table (45 ml) d'huile d'olive

1 pincée de sel

2 c. à table (30 ml) de moutarde de Dijon

3/4 tasse (180 ml) de crème sure

2 c. à table (30 ml) de crème 15 %

3 c. à table (45 ml) de graines de grenade

4 cœurs de laitue

1. Placer la viande au congélateur pendant 1 heure. 2. Dans un petit bol, mélanger le jus de grenade, l'huile d'olive et le sel. 3. Dans un autre petit bol, mélanger la moutarde, la crème sure et la crème 15 %. Garder au réfrigérateur jusqu'au moment de servir. 4. À l'aide d'un couteau bien aiguisé ou d'une trancheuse, découper la viande en tranches très fines et disposer celles-ci dans des assiettes individuelles. Arroser d'un peu d'huile parfumée à la grenade et garnir des graines de grenade. 5. Placer un cœur de laitue au centre de chaque assiette. Napper de sauce à la crème froide et servir aussitôt.

{TARTARE DE BISON AUX PLEUROTES}

4 PORTIONS

3/4 lb (375 g) de pleurotes

3 c. à table (45 ml) d'huile d'olive

2 c. à table (30 ml) de jus de citron

3/4 lb (375 g) de filet ou de contrefilet de bison

1 c. à table (15 ml) de sauce Worcestershire

1 échalote, hachée

1 c. à table (15 ml) de ketchup

1/4 tasse (60 ml) de moutarde de Dijon
à l'ancienne

1 c. à table (15 ml) de ciboulette fraîche, hachée

1 c. à thé (5 ml) de coriandre moulue

Sel et poivre noir du moulin

4 jaunes d'œufs crus

1 c. à table (15 ml) de persil frais, haché

1. Hacher les pleurotes, puis les mélanger dans un bol avec l'huile d'olive et la moitié du jus de citron. 2. Hacher la viande au couteau ou au hachoir. 3. Égoutter et éponger soigneusement les pleurotes, puis les mélanger avec la viande. 4. Ajouter la sauce Worcestershire, l'échalote, le ketchup, la moutarde, la ciboulette, le reste du jus de citron et la coriandre. Saler et poivrer au goût. 5. Placer un emporte-pièce au centre de chacune des assiettes et mouler la préparation en galettes. À l'aide d'une petite cuillère, creuser une cavité au centre et y déposer délicatement un jaune d'œuf. Garnir de persil et servir aussitôt.

Ces fruits exotiques évoquent les îles ensoleillées. À déguster avec un verre de vieux rhum.

{TARTARE DE KIWIS ET D'ANANAS À LA NOIX DE COCO}

4 PORTIONS

3 kiwis, pelés et coupés en petits cubes

1/2 ananas, pelé et coupé en petits cubes

1 c. à table (15 ml) de sucre roux

1/2 c. à thé (2 ml) de cannelle moulue

1/2 tasse (125 ml) de liqueur de coco

1/2 tasse (125 ml) de noix de coco râpée

3/4 tasse (180 ml) de jus d'ananas

1. Dans un grand bol, saupoudrer les kiwis et l'ananas de sucre roux et de cannelle. Ajouter la liqueur et la noix de coco, puis laisser macérer 10 minutes à température ambiante. **2.** À l'aide d'un petit emporte-pièce, mouler le tartare de fruits dans des bols individuels. Arroser de jus d'ananas et servir aussitôt.

{CARPACCIO DE BAR RAYÉ À LA VANILLE}

4 PORTIONS

1/2 lb (250 g) de filet de bar rayé

2 gousses de vanille

1/3 tasse (160 ml) d'huile d'avocat

2 c. à table (30 ml) de jus d'orange

2 c. à table (30 ml) de jus de lime

Câprons

1. Placer le poisson au congélateur pendant 30 minutes. 2. À l'aide d'un petit couteau, ouvrir les gousses de vanille et racler les graines dans un petit bol. Ajouter l'huile d'avocat et mélanger. Incorporer le jus d'orange et le jus de lime. 3. À l'aide d'un couteau bien aiguisé ou d'une trancheuse, découper le poisson en fines tranches et disposer celles-ci dans des assiettes individuelles. Arroser d'huile vanillée, garnir de câprons et servir aussitôt.

Ce plat original est rehaussé d'un beau mélange d'épices chaudes.

{TARTARE D'AGNEAU À LA MAROCAINE}

4 PORTIONS

1 lb 5 oz (600 g) d'agneau (tranche de gigot, filet ou côte)

2 c. à table (30 ml) de jus de citron

Sel et poivre noir du moulin

2 c. à table (30 ml) de raisins secs

2 c. à table (30 ml) de ciboulette fraîche, hachée

2 c. à thé (10 ml) de curcuma moulu

1 c. à thé (5 ml) de cumin moulu

2 c. à thé (10 ml) de ras-el-hanout (épices couscous)

2 œufs durs, hachés

4 c. à table (60 ml) de crème fraîche

1/2 c. à thé (2 ml) de moutarde de Dijon

1 c. à table (15 ml) de ketchup

1 endive

1. À l'aide d'un couteau, découper la viande en petits dés. Arroser de jus de citron, saler et poivrer. Ajouter les raisins secs, la ciboulette, le curcuma, le cumin, le ras-el-hanout, les œufs et 2 c. à table (30 ml) de crème fraîche. Mélanger et mettre au réfrigérateur pendant 30 minutes. 2. Dans un bol, mélanger le reste de la crème fraîche, la moutarde et le ketchup. 3. Façonner la préparation de viande pour en faire des galettes et disposer celles-ci dans des assiettes individuelles. 4. Garnir de feuilles d'endive, napper de sauce à la crème et servir aussitôt.

Voici une façon très estivale de servir le veau.

{ CARPACCIO DE VEAU À L'ORIGAN EN GRAVLAX }

6 PORTIONS

3/4 tasse (180 ml) de sucre

1/2 tasse (125 ml) de sel

3 c. à table (45 ml) de zeste de citron, râpé

2 c. à table (30 ml) de poivre noir du moulin

1 lb (500 g) de filet ou de noix de veau

1 bouquet d'aneth

1 bouquet d'origan

2 c. à table (30 ml) de crème sure

1 échalote, hachée

Sel et poivre noir du moulin

Quelques pousses de laitue

1. Dans un bol, mélanger le sucre, le sel, le zeste de citron et le poivre. 2. Placer la viande dans un plat, enrober tous les côtés du mélange de sucre, puis la couvrir d'aneth et d'origan. Couvrir de pellicule plastique et mettre au réfrigérateur pendant 24 heures. 3. Retirer et jeter l'aneth et l'origan, et mettre le plat de viande au congélateur pendant 1 heure. 4. Dans un bol, mélanger la crème sure et l'échalote. Saler et poivrer au goût. 5. À l'aide d'un couteau bien aiguisé ou d'une trancheuse, découper la viande en tranches très fines et disposer celles-ci dans des assiettes individuelles. 6. Garnir de crème sure et de pousses de laitue. Servir aussitôt.

{CARPACCIO DE VEAU AUX ABRICOTS}

4 PORTIONS

2 côtes de veau

2 c. à table (30 ml) de poivre noir du moulin

1/2 c. à thé (2 ml) de muscade moulue

2 branches de romarin

1 c. à table (15 ml) de poivre rose moulu

3 c. à table (45 ml) de gros sel

4 abricots frais

Quelques aiguilles de romarin

1/4 tasse (60 ml) d'huile d'olive

2 c. à thé (10 ml) de jus de citron

1/2 c. à thé (2 ml) de fleur de sel

1 pincée de poivre noir du moulin

1. Désosser les côtes de veau. 2. Dans un bol, mélanger le poivre noir, la muscade, le romarin, le poivre rose et le gros sel. Enrober le veau du mélange d'épices. Couvrir de pellicule plastique et mettre au réfrigérateur au moins 2 heures (ou toute la nuit si le temps le permet). 3. Mettre ensuite le veau au congélateur pendant 1 heure. 4. Couper les abricots en fines tranches. 5. À l'aide d'un couteau bien aiguisé ou d'une trancheuse, découper la viande en tranches très fines et disposer celles-ci dans des assiettes individuelles. 6. Garnir de tranches d'abricots et d'aiguilles de romarin. Arroser d'huile d'olive et de jus de citron. Saupoudrer de fleur de sel et de poivre, puis servir aussitôt.

Un dessert coloré parfait en toute occasion.

{TARTARE D'ÉTÉ}

6 PORTIONS

7 oz (200 g) de fraises, en petits dés

2 c. à table (30 ml) de sucre

2 c. à table (30 ml) de jus d'orange

1/2 cantaloup, en petits dés

1 c. à thé (5 ml) de poivre blanc

7 oz (200 g) de framboises jaunes, en petits dés

1/2 tasse (125 ml) de crème anglaise

Quelques feuilles de basilic

1. Saupoudrer les fraises de la moitié du sucre et arroser de jus d'orange. 2. Saupoudrer le cantaloup de poivre blanc et du reste du sucre. 3. Placer un emporte-pièce au centre des assiettes et tasser les framboises au fond. Couvrir de cantaloup, puis des fraises. 4. Verser la crème anglaise autour des tartares. Garnir de basilic et servir aussitôt.

Le roquefort,
roi des fromages
de brebis, met
en valeur la douceur
de l'agneau.

{CARPACCIO D'AGNEAU AU ROQUEFORT}

4 PORTIONS

1/2 lb (250 g) de filet d'agneau

1/4 tasse (60 ml) d'huile d'olive

2 branches de romarin

2 oz (60 g) de roquefort

Poivre noir du moulin

1. Placer la viande au congélateur pendant 1 heure. 2. Dans un bol, verser l'huile d'olive sur les branches de romarin et laisser macérer pendant 1 heure à température ambiante. Retirer et jeter le romarin. 3. Couper le roquefort en bâtonnets. 4. À l'aide d'un couteau bien aiguisé ou d'une trancheuse, découper la viande en tranches très minces et disposer celles-ci dans des assiettes individuelles. 5. Garnir des bâtonnets de roquefort et arroser d'huile d'olive aromatisée. Poivrer généreusement et servir aussitôt.

{TARTARE DE MELONS AUX POUSSES ET AUX FINES HERBES}

4 PORTIONS

1/2 cantaloup, en petits dés

1/2 melon miel Honeydew, en petits dés

1/4 melon d'eau, en petits dés

2 c. à thé (10 ml) d'huile de pistache

1/2 tasse (125 ml) de crème fraîche

3/4 lb (375 g) de ricotta

1 pincée de sel

Pousses de laitue et fines herbes

1. Bien mélanger les dés de melons avec l'huile de pistache. 2. Dans un bol, mélanger la crème fraîche et la ricotta. Passer au tamis pour obtenir une crème homogène. Saler légèrement et mélanger. 3. À l'aide d'un emporte-pièce, mouler des galettes de ricotta dans des assiettes individuelles. Couvrir des fruits. Piquer quelques pousses de laitue et des fines herbes entre les fruits. Servir aussitôt.

Une belle entrée aux parfums méditerranéens.

{TARTARE DE MELON D'EAU AU FÉTA}

4 PORTIONS

1 melon d'eau, en petits dés

1/2 lb (250 g) de féta, en petits dés

3/4 tasse (180 ml) d'olives noires, hachées

2 c. à thé (10 ml) d'huile d'olive

2 c. à table (30 ml) de jus de lime

3 c. à table (45 ml) de menthe fraîche, hachée

2 c. à table (30 ml) d'origan frais, haché

Sel et poivre noir du moulin

Feuilles d'origan

1. Mélanger tous les ingrédients dans un grand bol, sauf les feuilles d'origan. Mettre au réfrigérateur pendant 20 minutes. 2. Répartir le tartare dans des bols individuels, garnir de feuilles d'origan et servir aussitôt.

Une huile d'olive légère habillera bien ce tartare.

{TARTARE D'AVOCAT ET DE PÉTONCLES}

4 PORTIONS

3 avocats

3 c. à table (45 ml) de jus de lime

1 c. à table (15 ml) de jus d'orange

8 gros pétoncles

Sel et poivre noir du moulin

2 c. à table (30 ml) d'huile d'olive

1 c. à thé (5 ml) de poivre rose moulu

1. À l'aide d'un couteau bien aiguisé ou d'une trancheuse, couper 2 avocats en fines tranches sans les peler et disposer celles-ci dans une assiette. Arroser de jus de lime. 2. Peler le dernier avocat. Couper la chair en dés, la mettre dans un bol et mélanger avec le jus d'orange. 3. Couper les pétoncles en dés et mélanger avec les dés d'avocat. Saler et poivrer légèrement. Arroser d'huile d'olive et saupoudrer de poivre rose. 4. Disposer les tranches d'avocats dans des assiettes individuelles. Garnir de tartare d'avocat et de pétoncles. Servir aussitôt.

{CARPACCIO D'AGNEAU À LA FLEUR D'AIL}

4 PORTIONS

1/2 lb (250 g) de filet d'agneau

1/4 tasse (60 ml) de fleur d'ail

1/4 tasse (60 ml) d'amandes, hachées

1 c. à table (15 ml) de zeste de citron, râpé

1/2 c. à thé (2 ml) de poivre noir du moulin

1. Placer la viande au congélateur pendant 1 heure. 2. Dans un bol, mélanger la fleur d'ail, les amandes et le zeste de citron. 3. À l'aide d'un couteau bien aiguisé ou d'une trancheuse, découper la viande en tranches très fines et disposer celles-ci dans des assiettes individuelles. 4. Garnir du mélange de fleur d'ail et d'amandes. Poivrer et servir aussitôt.

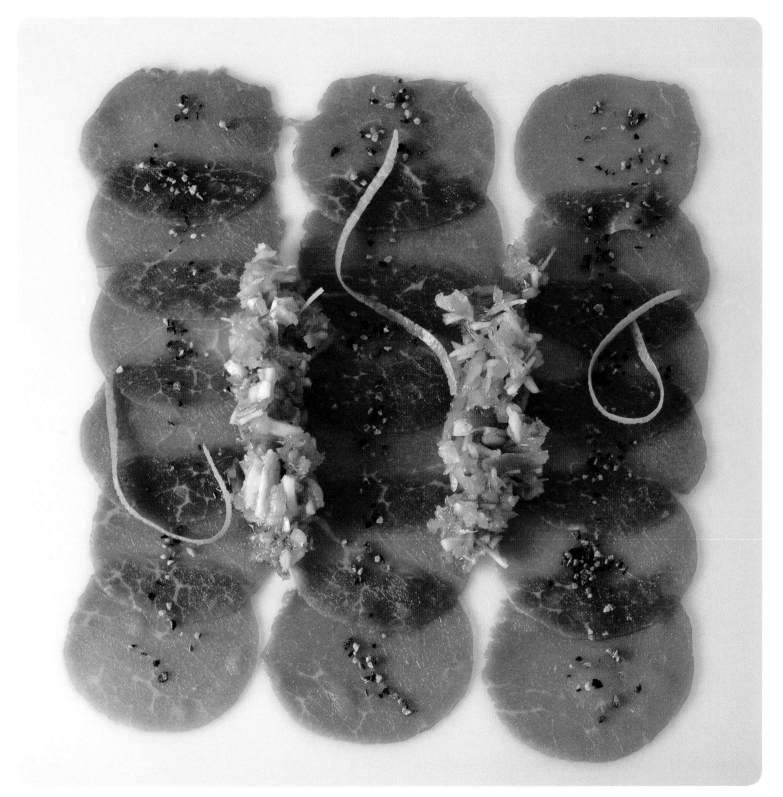

À déguster lentement pour faire durer le plaisir.

{TARTARE DE FRAISES AU BALSAMIQUE AROMATISÉ}

4 PORTIONS

1 lb 5 oz (600 g) de fraises, en petits dés

3 c. à table (45 ml) de sucre

2 c. à table (30 ml) de vodka

3 c. à table (45 ml) de zeste d'orange, râpé

1 botte de mélisse, hachée

2/3 tasse (160 ml) de vieux vinaigre balsamique

1 botte de basilic, hachée

1. Dans un bol, saupoudrer les fraises de sucre, puis arroser de vodka. Ajouter le zeste d'orange et la mélisse. Mélanger délicatement, couvrir de pellicule plastique et laisser macérer 20 minutes à température ambiante.

2. Égoutter les fraises et mélanger leur jus avec le vinaigre balsamique.

3. À l'aide d'un emporte-pièce, mouler le tartare de fraises dans des assiettes individuelles. Arroser de vinaigre balsamique aromatisé, garnir de basilic et servir aussitôt.

Une pure
merveille pour
les papilles !

{TARTARE DE BISON
AUX GROSEILLES}

4 PORTIONS

14 oz (400 g) de filet ou de contrefilet
de bison

2 c. à thé (10 ml) de tamari

2 c. à table (30 ml) de mayonnaise

1/2 c. à thé (2 ml) de poivre noir concassé

1 c. à table (15 ml) de jus de citron

1 c. à table (15 ml) de ciboulette
fraîche, hachée

7 oz (200 g) de groseilles

2 jaunes d'œufs durs, hachés

1. À l'aide d'un couteau bien aiguisé, hacher la viande très finement et mélanger dans un bol avec le tamari, la mayonnaise, le poivre, le jus de citron, la ciboulette et la moitié des groseilles. 2. Façonner la préparation pour en faire 4 galettes et disposer celles-ci dans des assiettes individuelles. À l'aide d'une petite cuillère, faire une cavité au centre et remplir de jaune d'œuf haché. 3. Garnir du reste des groseilles et servir aussitôt.

{ CARPACCIO DE THON ET DE PÉTONCLES }

4 PORTIONS

5 oz (150 g) de thon rouge frais

4 gros pétoncles

1/2 tasse (125 ml) de crème à fouetter 35 %

3 c. à table (45 ml) de mayonnaise

1 c. à table (15 ml) de jus de citron

3 c. à table (45 ml) de zeste de citron, râpé

1 avocat

Fleur de sel

1 c. à table (15 ml) d'huile d'avocat

1. Placer le thon et les pétoncles au congélateur pendant 1 heure. 2. Dans un bol, fouetter la crème jusqu'à épaississement. Ajouter la mayonnaise, le jus et le zeste de citron. Bien remuer. 3. À l'aide d'un couteau bien aiguisé ou d'une trancheuse, découper le poisson en tranches très minces et disposer celles-ci dans des assiettes individuelles. 4. Couper les pétoncles en tranches et les poser sur le thon. Couper de petites tranches d'avocat et les disposer sur les pétoncles. 5. Napper de sauce au citron et saupoudrer légèrement de fleur de sel. Arroser d'un filet d'huile d'avocat et servir aussitôt.

{TARTARE DE SAUMON AUX RADIS}

4 PORTIONS

14 oz (400 g) de saumon frais

1 c. à table (15 ml) de jus de lime

1 c. à table (15 ml) de mayonnaise

2 c. à thé (10 ml) de crème sure

Sel et poivre noir du moulin

16 radis, en fines tranches

2 branches de céleri, hachées finement

1 botte de ciboulette fraîche, hachée

2 œufs durs, hachés

1. Couper le saumon en petits cubes. Arroser de jus de lime et mélanger dans un bol avec la mayonnaise et la crème sure. Saler et poivrer au goût. Façonner la préparation pour en faire 4 galettes. 2. Dans un bol, mélanger les radis, le céleri et la moitié de la ciboulette. Ajouter les œufs, saler et mélanger. 3. Mettre une galette de saumon dans chacune des assiettes. Couvrir d'une couche du mélange de radis, garnir du reste de la ciboulette et servir aussitôt.

La tomate relève la douceur de l'agneau grâce à ses belles notes d'acidité.

{CARPACCIO D'AGNEAU AUX DEUX TOMATES}

4 PORTIONS

7 oz (200 g) de filet d'agneau

7 oz (200 g) de pesto de tomates séchées

2 c. à table (30 ml) d'huile d'olive

8 petites tomates, en tranches

Quelques brins d'origan

1. Placer la viande au congélateur pendant 1 heure. 2. Dans un bol, mélanger le pesto et l'huile d'olive. 3. À l'aide d'un couteau bien aiguisé ou d'une trancheuse, découper la viande en tranches très fines et disposer celles-ci dans des assiettes individuelles. Napper de pesto, puis garnir de tranches de tomates et de brins d'origan. Servir aussitôt.

Le piccalilli est un onctueux mélange de légumes en sauce moutardée.

{TARTARE DE CERF AU PICCALILLI}

4 PORTIONS

1 lb (500 g) de médaillons de cerf

Sel et poivre noir du moulin

7 oz (200 g) de piccalilli

4 œufs durs, hachés

4 oignons verts, hachés finement

2 c. à table (30 ml) de crème fraîche

1. À l'aide d'un couteau bien aiguisé, hacher finement la viande. Saler et poivrer légèrement. 2. Dans un bol, mélanger la viande, le piccalilli et les œufs. Façonner la préparation en 4 galettes et couvrir des oignons verts. 3. Garnir de crème fraîche et servir aussitôt.

La touche croquante qui fait toute la différence provient des céréales.

{CARPACCIO ET TARTARE AUX DEUX SAUMONS}

4 PORTIONS

7 oz (200 g) de saumon frais

3 c. à table (45 ml) de jus d'orange

1 tasse (250 ml) de canneberges

2 tasses (500 ml) de musli

1 c. à table (15 ml) de zeste de citron, râpé

10 oz (300 g) de saumon fumé, en fines tranches

2 c. à table (30 ml) d'huile d'olive

1 c. à thé (5 ml) de poivre rose

1. Couper le saumon en petits dés et mélanger avec le jus d'orange dans un grand bol. Ajouter les canneberges, le musli et le zeste de citron. **2.** Disposer les tranches de saumon fumé dans des assiettes individuelles. Garnir de tartare de saumon. **3.** Arroser le saumon fumé d'huile d'olive. Saupoudrer de poivre rose et servir aussitôt.

{ CARPACCIO DE TOMATE AUX DEUX SÉSAMES }

4 PORTIONS

2 jaunes d'œufs

1 c. à table (15 ml) de moutarde de Dijon

1 pincée de sel

2 c. à table (30 ml) de vinaigre de riz

3/4 tasse (180 ml) d'huile de tournesol

1/2 tasse (125 ml) d'huile de sésame

6 grosses tomates mûres

Quelques pousses de roquette

3 c. à table (45 ml) de graines de sésame noir

1 c. à table (15 ml) de graines de sésame blanc

1. Dans un bol, fouetter les jaunes d'œufs, la moutarde, le sel et le vinaigre de riz. Verser l'huile de tournesol et l'huile de sésame en filet sans cesser de fouetter jusqu'à l'obtention d'une mayonnaise. 2. À l'aide d'un couteau bien aiguisé ou d'une trancheuse, couper les tomates en tranches très fines et disposer celles-ci dans des assiettes individuelles. 3. Garnir de pousses de roquette et de mayonnaise. Saupoudrer de graines de sésame et servir aussitôt.

{TARTARE DE TOMATE GRAND-MÈRE}

4 PORTIONS

8 branches de persil frisé

1 bouquet de cerfeuil

12 brins de ciboulette

1 échalote

1 gousse d'ail

6 tomates mûres

3 c. à table (45 ml) d'huile d'olive

1 c. à thé (5 ml) de vinaigre de vin rouge

Sel et poivre noir du moulin

Quelques brins de cerfeuil

1. Hacher ensemble les fines herbes, l'échalote et l'ail. 2. Couper les tomates en deux et les épépiner à l'aide d'une petite cuillère. Couper la chair en petits dés et la mélanger avec les fines herbes. Arroser d'huile d'olive et de vinaigre de vin. Saler et poivrer au goût. Bien mélanger et laisser reposer 10 minutes à température ambiante. 3. Égoutter le tartare et servir dans des assiettes individuelles. Garnir de cerfeuil et arroser d'un peu de vinaigrette.

{ CARPACCIO D'ASPERGES
AU FOIE GRAS }

4 PORTIONS

3 1/2 oz (100 g) de foie gras de canard
au torchon

8 asperges fraîches

2 c. à thé (10 ml) d'huile d'olive

1 c. à thé (5 ml) de persil frais, haché

1 c. à thé (5 ml) de sel rouge

1. Placer le foie gras au congélateur pendant 2 heures. 2. Couper et jeter la base des asperges. À l'aide d'un couteau bien aiguisé, couper les asperges en fines tranches sur la longueur et disposer celles-ci dans des assiettes individuelles. 3. À l'aide d'un pinceau, badigeonner les asperges d'huile d'olive. 4. À l'aide du couteau ou d'une trancheuse, découper le foie gras en tranches très fines et disposer celles-ci sur les asperges. 5. Saupoudrer de persil et de sel rouge. Servir aussitôt.

On peut retirer la mince couche de gras qui recouvre les magrets, mais celui-ci donne beaucoup de goût à ce plat.

{CARPACCIO DE CANARD AUX FIGUES}

4 PORTIONS

1 magret de canard

3 c. à table (45 ml) de confiture de figues

3 c. à table (45 ml) d'huile de noix

1 c. à table (15 ml) de vinaigre de xérès

Sel et poivre noir du moulin

2 figues fraîches, en fines tranches

1. Placer le magret de canard au congélateur pendant 1 heure. 2. Dans un bol, mélanger la confiture, l'huile de noix et le vinaigre de xérès. 3. À l'aide d'un couteau bien aiguisé ou d'une trancheuse, découper le magret en fines tranches et disposer celles-ci dans des assiettes individuelles. 4. Napper de sauce aux figues, puis saler et poivrer au goût. Servir avec les tranches de figues.

Une bonne idée : ajouter des algues à ce tartare pour lui donner un goût encore plus marin.

{TARTARE DE PÉTONCLES À LA MANGUE}

4 PORTIONS

- 8 gros pétoncles
- 1 poivron rouge, en petits dés
- 1 mangue, en petits dés
- 1 pêche, en petits dés
- 1 c. à thé (5 ml) de coriandre fraîche, hachée
- 2 c. à table (30 ml) de jus de lime
- Sel
- 1 c. à table (15 ml) d'huile d'olive

1. Couper les pétoncles en petits dés et mélanger avec le poivron, la mangue, la pêche, la coriandre et le jus de lime. Saler légèrement. 2. Répartir dans des coquilles ou des petits bols et mettre au réfrigérateur pendant 15 minutes. 3. Arroser d'huile d'olive et servir aussitôt.

Un carpaccio d'une grande fraîcheur et très abordable.

{ CARPACCIO DE COURGETTE JAUNE AUX FINES HERBES }

4 PORTIONS

3/4 tasse (180 ml) de mayonnaise

1/2 tasse (125 ml) de crème sure

3 c. à table (45 ml) de jus d'orange

2 c. à table (30 ml) de cerfeuil frais, haché

1 c. à table (15 ml) de basilic frais, haché

1 c. à table (15 ml) de persil frais, haché

1 c. à table (15 ml) de thym citron, haché

Sel et poivre noir du moulin

2 longues courgettes jaunes

1. Dans un bol, mélanger la mayonnaise, la crème sure, 2 c. à table (30 ml) de jus d'orange et les fines herbes. Saler et poivrer légèrement. 2. À l'aide d'un couteau bien aiguisé ou d'une trancheuse, couper les courgettes en tranches très fines et disposer celles-ci dans des assiettes individuelles. À l'aide d'un pinceau, badigeonner les courgettes du reste du jus d'orange. 3. Napper de sauce aux fines herbes et servir aussitôt.

{TARTARE DE CHAMPIGNONS AU CAVIAR}

4 PORTIONS

10 oz (300 g) de champignons de Paris

1 c. à table (15 ml) de jus de citron

3 œufs durs, écalés

1 échalote, hachée finement

2 c. à table (30 ml) de mayonnaise

2 oz (60 g) de caviar

2 c. à table (30 ml) de ciboulette fraîche, hachée

1. Couper les champignons en petits dés et arroser de jus de citron.
2. Couper les oeufs durs en deux et séparer les blancs des jaunes. Couper les blancs en petits dés et hacher les jaunes. 3. Dans un bol, mélanger les champignons, les blancs d'oeufs, l'échalote et la mayonnaise. Répartir dans des assiettes individuelles et couvrir de caviar. 4. Garnir de jaune d'œuf haché et de ciboulette. Servir aussitôt.

{TARTARE DE PÉTONCLES EN RAVIOLES DE DAÏKON}

4 PORTIONS

1/2 tasse (125 ml) de vinaigre de riz

1/2 tasse (125 ml) de mirin

1 c. à thé (5 ml) de sucre

1 petit daïkon (radis blanc long)

1/2 mangue

8 gros pétoncles

12 feuilles de basilic thaï, hachées

1 branche de livèche hachée
ou quelques feuilles de céleri

1 petit oignon nouveau, haché

1 c. à table (15 ml) de jus de citron

2 c. à thé (10 ml) de pistils de safran

1. Dans un bol, mélanger le vinaigre de riz, le mirin et le sucre. 2. Peler le daïkon, puis le couper en longues tranches fines. Arroser de sauce vinaigrée et réserver. 3. Hacher finement la demi-mangue et les pétoncles, puis les mettre dans un bol. Ajouter le basilic, la livèche et l'oignon. Mélanger et ajouter le jus de citron. 4. Égoutter et éponger les tranches de daïkon, puis les étaler dans des assiettes individuelles. Mettre une cuillerée du tartare de pétoncles au milieu des tranches de daïkon et rabattre celles-ci sur le tartare (servir 2 ravioles par assiette). Parsemer des pistils de safran.

{CARPACCIO DE CANARD AUX POIRES}

6 PORTIONS

2 magrets de canard

2 poires

3 c. à table (45 ml) de jus de citron

2 c. à table (30 ml) d'huile d'olive

1 c. à table (15 ml) de vinaigre balsamique

1/4 c. à thé (1 ml) de cardamome moulue

1 c. à thé (5 ml) de fleur de sel

1 oz (30 g) de pousses de laitue

1. Retirer le gras des magrets de canard. Envelopper les magrets dans de la pellicule plastique et placer au congélateur pendant 1 heure. 2. Peler les poires, les épépiner, les couper en fines lamelles et les arroser de jus de citron. 3. Dans un bol, mélanger l'huile d'olive, le vinaigre balsamique et la cardamome. 4. À l'aide d'un couteau bien aiguisé ou d'une trancheuse, découper les magrets en tranches très fines et les disposer délicatement dans des assiettes individuelles en alternant avec les tranches de poires. 5. Arroser de vinaigrette et saupoudrer de fleur de sel. Garnir de pousses de laitue et servir aussitôt.

Un dessert
d'une grande
délicatesse.

{TARTARE D'ABRICOTS AU MIEL}

4 PORTIONS

8 abricots, pelés et hachés

2 c. à table (30 ml) de jus de lime

2 c. à table (30 ml) de miel

1/2 c. à thé (2 ml) d'extrait d'amande

1 c. à table (15 ml) de zeste de lime, râpé

1 c. à table (15 ml) de nectar de pêche

1 c. à table (15 ml) de mélisse
fraîche, hachée

Quelques copeaux de chocolat noir

1. Mettre les abricots et le jus de lime dans un grand bol. 2. Dans un autre bol, mélanger le miel, l'extrait d'amande, le zeste de lime et le nectar de pêche. Verser la moitié de la sauce sur les abricots et mélanger. 3. Servir les abricots dans de petits bols. Garnir de la mélisse et de copeaux de chocolat. Arroser du reste de la sauce et servir aussitôt.

{ TARTARE DE CREVETTES AU SÉSAME }

4 PORTIONS

1 lb (500 g) de crevettes

2 c. à table (30 ml) de jus de lime

2 c. à table (30 ml) de basilic thaï
frais, haché

1 échalote, hachée

2 c. à table (30 ml) de graines
de sésame noir

1 branche de céleri, hachée

1/3 tasse (80 ml) de grains de maïs

1 tasse (250 ml) de glace
au sésame noir*

1. Couper les crevettes en petits cubes, puis les mélanger avec le jus de lime dans un grand bol. 2. Ajouter le basilic, l'échalote, 1 c. à table (15 ml) de graines de sésame, le céleri et le maïs. 3. À l'aide d'un emporte-pièce, mouler le tartare de crevettes dans des assiettes individuelles. Garnir d'une petite boule de glace au sésame noir, parsemer du reste des graines de sésame et servir aussitôt.

* On peut se procurer la glace au sésame noir dans les épiceries asiatiques.

Un mélange
de saveurs
audacieux
qui ravit
à tout coup.

{CARPACCIO DE PÉTONCLES AUX FRAMBOISES}

4 PORTIONS

8 gros pétoncles

4 feuilles de menthe, hachées

12 feuilles de basilic thaï, hachées

6 grosses framboises, en petits dés

2 c. à table (30 ml) de zeste de lime, râpé

2/3 tasse (160 ml) de lait de coco

2 c. à table (30 ml) de jus de lime

Fleur de sel

1. Placer les pétoncles au congélateur pendant 30 minutes. 2. Dans un bol, mélanger la menthe et le basilic. Ajouter les framboises et le zeste de lime. 3. Dans un autre bol, mélanger le lait de coco et le jus de lime. 4. À l'aide d'un couteau bien aiguisé ou d'une trancheuse, couper les pétoncles en fines tranches et disposer celles-ci dans des assiettes individuelles. Arroser du lait de coco à la lime. 5. Disposer les framboises à côté des pétoncles et saupoudrer de fleur de sel. Servir aussitôt.

Un dessert
qui met finement
en valeur les belles
fraises d'été.

{TARTARE DE FRAISES EN BRIOCHE AU CARAMEL}

4 PORTIONS

14 oz (400 g) de fraises, en petits cubes

1 c. à table (15 ml) de zeste d'orange

2 c. à table (30 ml) de sucre

1/4 tasse (60 ml) de liqueur de framboise

1/2 c. à thé (2 ml) d'extrait de vanille

4 brioches à tête

3/4 tasse (180 ml) de sauce au caramel

Lanières de zeste d'orange

1. Dans un bol, mélanger les fraises, le zeste d'orange, le sucre, la liqueur de framboise et la vanille. Laisser macérer 30 minutes au réfrigérateur. 2. Retirer la tête des brioches, évider l'intérieur de moitié et y verser 1 c. à table (15 ml) de caramel. Remplir de tartare de fraises et garnir de lanières de zeste d'orange. 3. Garnir les assiettes d'un peu de caramel et y disposer les brioches aux fraises. Servir aussitôt.

La viande de cheval est très maigre, en plus d'afficher une haute teneur en fer.

{TARTARE DE CHEVAL À L'ANCIENNE}

4 PORTIONS

1 lb (500 g) de médaillons de cheval

2 c. à table (30 ml) de sauce Worcestershire

1 c. à table (15 ml) de moutarde de Meaux

2 gouttes de tabasco

Sel

8 petits cornichons, en tranches

2 oignons blancs, en tranches

3 c. à table (45 ml) de ketchup

8 brins de persil

4 jaunes d'œufs dans leur coquille

1. Hacher la viande très finement au couteau. 2. Dans un grand bol, mélanger la sauce Worcestershire, la moutarde et le tabasco. Ajouter la viande, saler au goût et mélanger. 3. Façonner la préparation pour en faire des galettes, couvrir et mettre au réfrigérateur pendant 20 minutes. 4. Disposer les galettes dans des assiettes individuelles. Garnir des cornichons, des oignons, du ketchup et du persil. Servir avec les jaunes d'œufs dans leur coquille.

{CARPACCIO DE CHEVAL
À L'AIL}

4 PORTIONS

3/4 lb (375 g) de cheval

1/4 tasse (60 ml) d'huile de noisette

1 pincée de sel

3 gousses d'ail

1/2 c. à thé (2 ml) de poivre noir

2 oz (60 g) de feuilles de mâche

1. Placer la viande au congélateur pendant 1 heure. 2. Dans un bol, mélanger l'huile de noisette et le sel. Hacher les gousses d'ail et réserver dans un bol. 3. À l'aide d'un couteau bien aiguisé ou d'une trancheuse, découper la viande en tranches très fines et disposer celles-ci dans des assiettes individuelles. 4. Parsemer chaque assiette d'un peu d'ail. Arroser d'huile de noisette. Saupoudrer de poivre noir et garnir de feuilles de mâche. Servir aussitôt.

On peut servir ce carpaccio en entrée ou en accompagnement d'un plat de poisson grillé.

{CARPACCIO DE COURGETTE AU POIVRE VERT}

4 PORTIONS

3 longues courgettes

1 c. à table (15 ml) de poivre vert en saumure, égoutté

1/2 tasse (125 ml) d'huile d'olive

1 c. à table (15 ml) de vinaigre balsamique blanc

Sel

8 olives noires, hachées

1. Couper les courgettes en fines lamelles sur la longueur. Rouler les lamelles et les disposer dans des assiettes individuelles. 2. Dans un bol, à l'aide d'une fourchette, mélanger le poivre vert, l'huile d'olive et le vinaigre balsamique. Saler légèrement. 3. Napper les courgettes de sauce au poivre vert. Garnir d'olives noires et servir aussitôt.

{TARTARE DE TOMATE AUX ANCHOIS}

4 PORTIONS

2 œufs durs, écalés

8 tomates mûres, en petits cubes

2 branches de céleri, en cubes

1 poivron jaune, en cubes

1 c. à table (15 ml) de ciboulette
fraîche, hachée

1 c. à table (15 ml) de persil frais, haché

1 c. à thé (5 ml) de cumin moulu

Sel et poivre noir du moulin

2 c. à table (30 ml) d'huile d'olive

1 citron

16 filets d'anchois

1. Couper les œufs durs en deux et conserver les jaunes pour un autre usage. Couper les blancs en petits cubes. 2. Dans un grand bol, mélanger les blancs d'œufs, les tomates, le céleri, le poivron, la ciboulette, le persil et le cumin. Saler et poivrer au goût. Ajouter l'huile d'olive et mélanger. 3. Couper le citron en fines tranches. 4. Placer un emporte-pièce dans chacune des assiettes et mouler le tartare de tomate. Garnir de tranches de citron et de filets d'anchois. Servir aussitôt.

{TARTARE DE SAUMON ET DE PÉTONCLES AU PAMPLEMOUSSE}

4 PORTIONS

2 pamplemousses roses

7 oz (200 g) de saumon frais

7 oz (200 g) de pétoncles

Sel et poivre blanc

1 branche d'aneth, hachée finement

1/2 c. à thé (2 ml) de poivre rose moulu

2/3 oz (20 g) de caviar

1. Peler les pamplemousses à vif au-dessus d'un bol. Prélever les suprêmes et réserver le jus. Hacher la moitié des suprêmes et réserver le reste. 2. Couper le saumon et les pétoncles en petits dés. Arroser de jus de pamplemousse réservé. Ajouter un peu de sel et de poivre blanc. Incorporer l'aneth, les suprêmes de pamplemousses hachés et le poivre rose. Mélanger délicatement. 3. Avec les doigts, presser le tartare dans des ramequins pour bien le tasser. Retourner les ramequins sur des assiettes individuelles et garnir de caviar. Disposer les suprêmes de pamplemousses réservés tout autour et servir aussitôt.

{TARTARE DE BŒUF
À LA BELGE}

4 PORTIONS

1 lb (500 g) de filet
ou de faux-filet de bœuf

1 c. à table (15 ml) de moutarde de Dijon

2 c. à table (30 ml) de mayonnaise

1 jaune d'œuf

2 c. à table (30 ml) de sauce
Worcestershire

1/2 c. à thé (2 ml) de sel

1 c. à thé (5 ml) de tabasco

2 c. à table (30 ml)
de cornichons, hachés

1 c. à table (15 ml) de câpres, hachées

2 c. à table (30 ml) de ciboulette
fraîche, hachée

Quelques feuilles de jeunes épinards
(facultatif)

1. À l'aide d'un couteau bien aiguisé, hacher très finement la viande.
2. Dans un grand bol, mélanger tous les ingrédients, sauf la ciboulette. Façonner des galettes et disposer celles-ci dans des assiettes individuelles. Couvrir de pellicule plastique et mettre au réfrigérateur pendant 30 minutes. 3. Garnir le tartare de ciboulette et de feuilles d'épinards, si désiré. Servir aussitôt.

{CARPACCIO DE CERF À L'ORANGE}

4 PORTIONS

10 oz (300 g) de médaillons de cerf

4 oranges

1/2 tasse (125 ml) d'huile de noix

1 c. à thé (5 ml) de vinaigre de cidre

1 pincée d'anis étoilé moulu

2 c. à table (30 ml) de ciboulette fraîche, hachée

2 c. à thé (10 ml) de fleur de sel

2 c. à table (30 ml) de zeste d'orange, râpé finement

1. Placer la viande au congélateur pendant 1 heure. 2. Peler les oranges à vif au-dessus d'un bol pour récupérer le jus. Prélever les suprêmes et les laisser tremper 20 minutes dans leur jus. 3. Dans un autre bol, mélanger 1/2 tasse (125 ml) de jus d'orange récupéré, l'huile de noix, le vinaigre de cidre et l'anis étoilé. 4. À l'aide d'un couteau bien aiguisé ou d'une trancheuse, découper la viande en tranches très fines et disposer celles-ci dans des assiettes individuelles. Arroser de vinaigrette. 5. Parsemer de ciboulette, de fleur de sel et de zeste d'orange. Garnir des suprêmes d'oranges réservés et servir aussitôt.

{CARPACCIO DE BANANE AU BACON}

4 PORTIONS

1 c. à thé (5 ml) d'anis vert

2 c. à table (30 ml) de jus d'orange

2 tranches de bacon, cuites

2 bananes

2 c. à table (30 ml) de sucre d'érable

1. Dans un bol, mélanger l'anis et le jus d'orange. Laisser reposer 10 minutes, puis filtrer le jus dans un tamis. Jeter l'anis et réserver le jus. 2. Couper les tranches de bacon en lamelles. 3. À l'aide d'un couteau bien aiguisé ou d'une trancheuse, couper les bananes en tranches très fines. Arroser de jus d'orange anisé. 4. Disposer les tranches de bananes dans des assiettes individuelles. Garnir de bacon et saupoudrer de sucre d'érable. Servir aussitôt.

Ce carpaccio peut être préparé avec différentes variétés d'orange.

{CARPACCIO D'ORANGE SANGUINE AUX PISTACHES}

4 PORTIONS

1/4 tasse (60 ml) de jus d'orange

1 c. à table (15 ml) de sucre

1/4 tasse (60 ml) d'huile de pistache

6 oranges sanguines

7 oz (200 g) de pistaches, hachées

Quelques pousses de laitue

1. Dans un bol, mélanger le jus d'orange, le sucre et l'huile de pistache.

2. À l'aide d'un couteau bien aiguisé ou d'une trancheuse, couper les oranges en fines tranches et disposer celles-ci dans des assiettes individuelles. 3. Arroser d'huile aromatisée et saupoudrer de pistaches. Garnir de pousses de laitue et servir aussitôt.

{TARTARE DE FRUITS DES BOIS AU CASSIS}

4 PORTIONS

7 oz (200 g) de framboises, hachées

8 oz (250 g) de mûres, hachées

7 oz (200 g) de bleuets

2 c. à table (30 ml) de sucre

1/4 tasse (60 ml) de crème de cassis

12 feuilles de mélisse

1/2 tasse (125 ml) de sorbet aux fruits de la passion

1. Dans un bol, mélanger les framboises, les mûres, les bleuets, le sucre et la crème de cassis. Couvrir et mettre au réfrigérateur pendant 1 heure. 2. Hacher 8 feuilles de mélisse et mélanger avec les fruits. Égoutter les fruits et réserver le jus. 3. À l'aide d'un emporte-pièce, mouler le tartare de fruits dans des bols individuels. 4. Garnir chaque portion d'une petite boule de sorbet, de jus réservé et d'une feuille de mélisse. Servir aussitôt.

Le cacao rehausse les arômes naturels du bison.

{CARPACCIO DE BISON, VINAIGRETTE AU CACAO}

4 PORTIONS

10 oz (300 g) de filet ou de contrefilet de bison

2 c. à table (30 ml) de poudre de cacao

1/2 tasse (125 ml) d'huile de noisette

2 c. à table (30 ml) de vinaigre balsamique

2 c. à table (30 ml) de sauce soya

2 c. à table (30 ml) de jus d'orange

4 asperges

1 petite betterave

2 c. à table (30 ml) de grué de cacao*

Sel et poivre noir du moulin

1. Placer la viande au congélateur pendant 1 heure. 2. Au robot culinaire, mélanger le cacao, l'huile de noisette, le vinaigre balsamique, la sauce soya et le jus d'orange. 3. Couper les asperges et la betterave en petits bâtonnets. 4. À l'aide d'un couteau bien aiguisé ou d'une trancheuse, découper la viande en tranches très fines et disposer celles-ci dans des assiettes individuelles. 5. Garnir des bâtonnets d'asperges et de betterave. Arroser de sauce au cacao. Saupoudrer la viande de grué de cacao, puis saler et poivrer légèrement. Servir aussitôt.

---

* Le grué de cacao est le produit du concassage de la fève de cacao après élimination de son enveloppe.

{TARTARE DE POISSON AU WHISKY}

4 PORTIONS

1/2 lb (250 g) de filet de doré

1/2 lb (250 g) de filet de sole

3 c. à table (45 ml) de jus de citron

1/2 c. à thé (2 ml) de sambal œlek (sauce indonésienne aux piments forts)

1 grosse carotte, râpée finement

1/2 tasse (125 ml) de canneberges séchées

1 tasse (250 ml) de crème à fouetter 35 %

1/4 c. à thé (1 ml) de muscade moulue

Sel et poivre noir du moulin

1/3 tasse (80 ml) de whisky

2 c. à table (30 ml) de roquette, hachée

1. À l'aide d'un couteau bien aiguisé, hacher les poissons en petits dés et mélanger dans un bol avec le jus de citron et le sambal œlek. Couvrir et mettre au réfrigérateur pendant 15 minutes. 2. Hacher finement la carotte râpée et les canneberges séchées. Mélanger avec la préparation de poisson. 3. Dans un bol, mélanger la crème avec la muscade et un peu de sel et de poivre. Ajouter le whisky et fouetter environ 3 minutes jusqu'à léger épaississement. 4. Verser un peu de crème au whisky dans des assiettes individuelles. À l'aide d'un emporte-pièce, mouler le tartare de poisson dans chaque assiette. Garnir de roquette et servir aussitôt.

{ CARPACCIO DE TOMATE NOIRE AU GOUDA }

4 PORTIONS

1 gousse d'ail, hachée

1/2 c. à thé (2 ml) de sel

1 botte de basilic

1 botte de persil

1 échalote, hachée

1/2 lb (250 g) de vieux gouda, râpé grossièrement

2 c. à table (30 ml) d'huile d'olive

8 tomates noires

1. Au robot culinaire, mélanger l'ail, le sel, le basilic, le persil, l'échalote et 2 oz (60 g) de gouda. Ajouter l'huile d'olive et mélanger pour obtenir une pâte. 2. À l'aide d'un couteau bien aiguisé ou d'une trancheuse, couper les tomates en tranches très fines et disposer celles-ci dans des assiettes individuelles. 3. Napper de sauce au basilic et garnir du reste du gouda. Servir aussitôt.

Pour produire un bel effet, choisir des champignons très frais de première qualité.

{TARTARE DE CHAMPIGNONS SUR BLINIS}

8 PORTIONS

1 c. à table (15 ml) de mayonnaise

3 noix, hachées

3 c. à table (45 ml) d'huile de noix

2 oz (60 g) de pleurotes

10 oz (300 g) de champignons de Paris

1 c. à table (15 ml) de jus de citron

3 c. à table (45 ml) de ciboulette fraîche, hachée

Sel et poivre noir du moulin

12 blinis

Feuilles de laitue frisée

1. Dans un bol, mélanger la mayonnaise, les noix et l'huile de noix. Réserver. 2. Découper tous les champignons en petits dés. Arroser du jus de citron et mélanger délicatement avec la ciboulette. Saler et poivrer au goût. 3. Tartiner les blinis de sauce aux noix et couvrir de petits tas de tartare de champignons. 4. Servir avec quelques feuilles de laitue.

{TARTARE DE CANARD À LA CLÉMENTINE ET AU BASILIC THAÏ}

4 PORTIONS

2 magrets de canard

2 c. à table (30 ml) de jus de clémentine

6 clémentines

1 c. à table (15 ml) de ciboulette
fraîche, hachée

2 c. à table (30 ml) de basilic thaï
frais, haché

1 c. à table (15 ml) de sauce
Worcestershire

2 c. à thé (10 ml) d'huile de noisette

Sel

1/4 c. à thé (1 ml) de poivre de Sichuan

2 c. à table (30 ml) de zeste
de clémentine, râpé

2 c. à table (30 ml) de persil frais, haché

1. Retirer le gras autour des magrets. À l'aide d'un couteau bien aiguisé, hacher le canard finement et arroser du jus de clémentine. Couvrir de pellicule plastique et mettre au réfrigérateur pendant 30 minutes. 2. Peler les clémentines, séparer les quartiers et en réserver quelques-uns pour garnir. Couper le reste des quartiers en petits dés. 3. Dans un bol, mélanger les dés de clémentines, la ciboulette et le basilic. Ajouter le canard, la sauce Worcestershire et l'huile de noisette. Assaisonner de sel et de poivre de Sichuan, puis bien mélanger. 4. Garnir des quartiers de clémentines réservés, de zeste de clémentine et de persil haché. Servir aussitôt.

Le pain d'épice,
le miel et le bison
se marient
parfaitement.

{CARPACCIO DE BISON
AU PAIN D'ÉPICE}

4 PORTIONS

1/2 lb (250 g) de filet ou de contrefilet de bison

1 c. à thé (5 ml) de vinaigre de xérès

1 c. à thé (5 ml) de vinaigre balsamique

Sel et poivre noir du moulin

2 c. à table (30 ml) d'huile de noix

7 oz (200 g) de pain d'épice

2 c. à table (30 ml) de miel

2 c. à table (30 ml) de crème fraîche

1 c. à thé (5 ml) de raifort en crème

1. Placer la viande au congélateur pendant 1 heure. 2. Dans un bol, mélanger le vinaigre de xérès, le vinaigre balsamique, un peu de sel et de poivre. Ajouter l'huile de noix, en remuant à l'aide d'un fouet et réserver. 3. Couper le pain d'épice en fines tranches. 4. À l'aide d'un couteau bien aiguisé ou d'une trancheuse, découper la viande en fines tranches et disposer celles-ci dans une assiette. Badigeonner de vinaigrette. 5. Mettre 2 tranches de pain d'épice dans chacune des assiettes. Ajouter un peu de miel et disposer quelques tranches de viande sur le dessus. Garnir de crème fraîche et d'un peu de raifort. Servir aussitôt.

Le secret de cette couleur et de ce parfum particuliers? Le curcuma.

{TARTARE DE BŒUF À L'INDIENNE}

4 PORTIONS

1/4 tasse (60 ml) de ketchup

8 c. à table (120 ml) de yogourt nature

3 c. à thé (15 ml) de curcuma moulu

1 c. à table (15 ml) de poudre de cari

1/2 c. à thé (2 ml) de pâte de piment fort

1 lb (500 g) de filet
ou de contrefilet de bœuf

Sel

1 gros oignon, haché

8 cornichons, hachés

1. Dans un bol, mélanger le ketchup, 4 c. à table (60 ml) de yogourt, 2 c. à thé (10 ml) de curcuma, le cari et la pâte de piment fort. 2. À l'aide d'un couteau bien aiguisé, hacher finement la viande et mélanger avec la sauce. Saler au goût. 3. Façonner des galettes et disposer celles-ci dans des assiettes individuelles. 4. À l'aide d'une cuillère, creuser une petite cavité au centre des galettes et y déposer 1 c. à table (15 ml) de yogourt. Saupoudrer du reste du curcuma. 5. Garnir les assiettes d'oignon et de cornichons. Servir aussitôt.

{CARPACCIO D'ASPERGES À LA MALTAISE}

4 PORTIONS

12 asperges

1/2 tasse (125 ml) de jus d'orange

3/4 tasse (180 ml) de mayonnaise

1 pincée de clou de girofle moulu

2 c. à table (30 ml) de lait

Sel

1/4 c. à thé (1 ml) de poivre blanc

3 c. à table (45 ml) de zeste d'orange, râpé finement

1. À l'aide d'un couteau bien aiguisé ou d'une trancheuse, couper les asperges en tranches sur la longueur. Transférer dans une assiette et arroser de 1/4 tasse (60 ml) de jus d'orange. Laisser macérer 15 minutes.

2. Dans un bol, mélanger la mayonnaise, le reste du jus d'orange, le clou de girofle et le lait. Saler au goût et ajouter le poivre blanc. 3. Retirer les asperges du jus d'orange et les éponger avec du papier absorbant.

4. Disposer les asperges dans des assiettes individuelles. Garnir de sauce à l'orange et de zeste d'orange. Servir aussitôt.

Choisir une excellente huile d'olive au goût fruité vert.

{CARPACCIO DE CHAMPIGNONS}

4 PORTIONS

8 très gros champignons

1 c. à thé (5 ml) de fleur de sel

1/4 tasse (60 ml) d'huile d'olive

2 c. à table (30 ml) de jus de citron

2 c. à table (30 ml) de ciboulette fraîche, hachée

Quelques feuilles de pousses de laitue

1. À l'aide d'un couteau bien aiguisé ou d'une trancheuse, couper les gros champignons en tranches minces et disposer celles-ci dans des assiettes individuelles. Saupoudrer de fleur de sel. 2. Arroser d'huile d'olive et de jus de citron, puis parsemer de ciboulette. 3. Garnir de pousses de laitue et servir aussitôt.

{TARTARE DE CREVETTES ET D'ANANAS}

6 PORTIONS

1 lb (500 g) de crevettes nordiques

1/2 gros ananas

12 feuilles de basilic mauve, hachées

2 c. à table (30 ml) de mayonnaise

2 c. à table (30 ml) de jus d'ananas

1/4 c. à thé (1 ml) de poivre blanc

2 piments rouges, en tranches

1. Couper les crevettes en petits dés. 2. Peler l'ananas et découper la chair en petits dés. Réserver. 3. Dans un bol, mélanger les crevettes, le basilic, la mayonnaise, le jus d'ananas et le poivre blanc. 4. Dans des assiettes individuelles, à l'aide d'un emporte-pièce, mouler le tartare de crevettes. Couvrir des dés d'ananas réservés, garnir de piment et servir aussitôt.

{TARTARE DE VEAU AUX COQUES}

4 PORTIONS

1 lb (500 g) de filet ou de longe de veau

1 échalote, hachée

2 pommes, râpées

1 poivron rouge, en dés

Sel et poivre noir du moulin

2 c. à table (30 ml) de cognac

1 c. à table (15 ml) de sauce hoisin

2 c. à table (30 ml) de mayonnaise

16 coques ou palourdes ouvertes

2 c. à table (30 ml) d'huile d'olive

1 poivron jaune, en dés

2 c. à table (30 ml) de coriandre fraîche, hachée

1. Hacher finement la viande à l'aide d'un couteau et mélanger dans un bol avec l'échalote, les pommes et le poivron rouge. Saler et poivrer au goût. Ajouter le cognac, la sauce hoisin et la mayonnaise. Bien mélanger. 2. Dans un autre bol, mélanger les coques, 1 c. à table (15 ml) d'huile d'olive, le poivron jaune et la coriandre. 3. Façonner le tartare de veau en galettes et disposer celles-ci dans des assiettes individuelles. 4. Ajouter les coques, arroser du reste de l'huile d'olive et servir aussitôt.

{TARTARE DE FRAISES À LA NEIGE PIMENTÉE}

4 PORTIONS

26 grosses fraises

2 c. à table (30 ml) de jus de citron

3 c. à table (45 ml) de poivre noir concassé

2 tasses (500 ml) de jus d'orange

1 c. à thé (5 ml) de piment d'Espelette moulu

1 1/4 tasse (310 ml) de vin blanc

12 feuilles de basilic, hachées

2 c. à table (30 ml) de sucre

Lanières de zeste de lime

1. Au mélangeur, à haute vitesse, mélanger 6 fraises, le jus de citron, le poivre, le jus d'orange, le piment d'Espelette et le vin pendant 1 minute. Transvider dans un plat en plastique ou en métal, couvrir de pellicule plastique et placer au congélateur toute la nuit pour obtenir un granité. 2. Hacher finement le basilic et couper le reste des fraises en petits cubes. 3. Dans un grand bol, mélanger le basilic, les fraises et le sucre. 4. À l'aide d'une fourchette, gratter le granité pour obtenir de petits cristaux. Déposer un emporte-pièce dans chacune des assiettes. Mouler le tartare de fraises et couvrir de granité. Garnir de lanières de zeste de lime et servir aussitôt.

Les amateurs d'huîtres seront comblés par cette présentation qui sort de l'ordinaire.

{CARPACCIO DE BŒUF AUX HUÎTRES}

4 PORTIONS

1/2 lb (250 g) de filet ou de contrefilet de bœuf

4 grosses huîtres

2 c. à table (30 ml) de sauce soya

1 c. à table (15 ml) de sauce d'huîtres

1 c. à thé (5 ml) d'huile de tournesol

1 échalote, hachée

Quelques brins d'aneth

1. Placer la viande au congélateur pendant 30 minutes. 2. Ouvrir les huîtres et les mettre dans un bol avec leur eau. Verser la sauce soya, la sauce d'huîtres et l'huile de tournesol. Mélanger délicatement. 3. À l'aide d'un couteau bien aiguisé ou d'une trancheuse, découper la viande en fines tranches et disposer celles-ci dans des assiettes individuelles. 4. Garnir chaque assiette d'une huître marinée, d'échalote et de brins d'aneth. Arroser d'un peu de marinade et servir aussitôt.

{CARPACCIO DE THON À LA BERBÈRE}

4 PORTIONS

10 oz (300 g) de thon rouge frais

1/4 tasse (60 ml) d'huile d'olive

1 c. à table (15 ml) de ras-el-hanout
(épices couscous)

1 c. à table (15 ml) de harissa
(purée de piments épicée)

1/4 c. à thé (1 ml) de sel fin

1 c. à table (15 ml) de raisins
de Corinthe secs

Feuilles de coriandre

Feuilles de menthe

1. Placer le thon au congélateur pendant 1 heure. 2. Dans un bol, mélanger l'huile d'olive, le ras-el-hanout, la harissa et le sel. 3. À l'aide d'un couteau bien aiguisé ou d'une trancheuse, découper le poisson en tranches très fines et disposer celles-ci dans des assiettes individuelles. 4. Garnir de raisins secs, de coriandre et de menthe. Napper de sauce épicée et servir aussitôt.

{TARTARE DE CONCOMBRE ET DE MELON AU FROMAGE DE CHÈVRE}

4 PORTIONS

10 oz (300 g) de fromage
de chèvre crémeux

2 c. à table (30 ml) de thym frais, haché

3 concombres libanais

1/2 cantaloup ou autre melon

8 noisettes, hachées

3 c. à table (45 ml) d'huile de noisette

Fleur de sel

1 c. à table (15 ml) de vinaigre balsamique

1/2 c. à thé (2 ml) de vinaigre de vin blanc

1. Dans un bol, mélanger le fromage de chèvre et le thym. 2. Couper les concombres et le melon en petits dés et mélanger dans un bol avec les noisettes et 1 c. à thé (5 ml) d'huile de noisette. Saler légèrement. 3. Dans un autre bol, mélanger le vinaigre balsamique, le vinaigre de vin et le reste de l'huile de noisette. 4. À l'aide d'un emporte-pièce, mouler des galettes de fromage de chèvre dans des assiettes individuelles. Couvrir de tartare de concombre. Verser un peu de vinaigrette autour et servir aussitôt.

{CARPACCIO DE SAUMON AU SEL NOIR}

4 PORTIONS

3/4 lb (375 g) de filet de saumon

2 c. à table (30 ml) d'huile d'olive

1 c. à table (15 ml) de sel noir

2 jaunes d'œufs durs, hachés

1 poivron rouge, en dés

1. Placer le saumon au congélateur pendant 1 heure. 2. À l'aide d'un couteau bien aiguisé ou d'une trancheuse, découper le poisson en tranches très fines et disposer celles-ci dans des assiettes individuelles. 3. Arroser d'huile d'olive et saupoudrer de sel noir. 4. Garnir de jaune d'œuf haché et de poivron, puis servir aussitôt.

{TARTARE DE CREVETTES
À L'ORIENTALE}

4 PORTIONS

1 lb 5 oz (600 g) de crevettes

1 morceau de gingembre de 2 po (5 cm)

1 c. à table (15 ml) de zeste de lime, râpé

2 c. à table (30 ml) de jus de lime

1 échalote, hachée

1 c. à table (15 ml) de poivre de Sichuan

1 tasse (250 ml) de sauce soya

3 oignons verts, en tranches

1/2 c. à thé (2 ml) de gingembre moulu

1 gousse d'ail, écrasée

1 c. à thé (5 ml) d'huile de sésame

Quelques galettes de riz aux crevettes

1. Couper les crevettes en dés. Peler le gingembre et le couper en fins bâtonnets. Mélanger les crevettes et le gingembre dans un grand bol. Ajouter le zeste et le jus de lime, l'échalote et le poivre de Sichuan. Mélanger et laisser reposer au réfrigérateur pendant 10 minutes. 2. Dans un autre bol, mélanger la sauce soya, les oignons verts, le gingembre moulu, l'ail et l'huile de sésame. 3. Servir le tartare de crevettes dans des verrines ou des assiettes. Verser la sauce dans des verrines ou des petits bols. 4. Accompagner le tartare de la sauce et de quelques galettes de riz aux crevettes.

Le carvi sert à aromatiser l'aquavit, un alcool scandinave qui accompagne magnifiquement ce carpaccio.

{ CARPACCIO DE CONCOMBRE À LA SCANDINAVE }

4 PORTIONS

4 concombres libanais, en tranches très minces

1 c. à table (15 ml) de vinaigre de cidre

Sel

2 c. à table (30 ml) de graines de carvi

2 c. à table (30 ml) de zeste de citron

1/4 tasse (60 ml) de crème fraîche

1. Dans un bol, mélanger les concombres et le vinaigre de cidre. Laisser reposer 10 minutes à température ambiante. 2. Retirer les tranches de concombres du vinaigre et éponger avec du papier absorbant. 3. Disposer les tranches de concombres dans des assiettes individuelles. Saler légèrement et parsemer de graines de carvi. 4. Garnir de zeste de citron et de crème fraîche.

{CARPACCIO D'AVOCAT}

4 PORTIONS

2 avocats Haas à chair ferme

2 c. à table (30 ml) de jus de citron

1/4 tasse (60 ml) d'huile d'olive

3 carottes, râpées

1/4 tasse (60 ml) de jus d'orange

1 pincée de sel

1 c. à thé (5 ml) de sel noir

1. À l'aide d'un couteau bien aiguisé ou d'une trancheuse, couper les avocats en tranches horizontales et retirer la peau délicatement. Disposer les tranches dans des assiettes individuelles. Arroser de jus de citron et d'huile d'olive. 2. Dans un bol, mélanger les carottes, le jus d'orange et le sel. 3. Garnir les avocats de carotte râpée, assaisonner de sel noir et servir aussitôt.

Ce trompe-l'œil amusant, qui imite le steak tartare, est un dessert estival remarquable.

{TARTARE DE FRAMBOISES AU CITRON}

4 PORTIONS

- 1 lb (500 g) de framboises, hachées
- 2 c. à table (30 ml) de jus de citron
- 3 c. à table (45 ml) de confiture de framboises
- 12 feuilles de menthe
- 1/4 tasse (60 ml) de tartinade au citron (*lemon curd*)

1. Dans un bol, mélanger les framboises, le jus de citron et la confiture. Laisser reposer 10 minutes. 2. Hacher les feuilles de menthe et mélanger avec le tartare de framboises. Avec les doigts, presser le tartare dans des ramequins pour bien le tasser. 3. Retourner les ramequins sur des assiettes individuelles. Garnir chaque portion d'une cuillerée de tartinade au citron et servir aussitôt.

L'estragon fait ressortir le goût particulier de la viande de cerf.

{TARTARE DE CERF À L'ESTRAGON}

4 PORTIONS

3 c. à table (45 ml) de moutarde de Dijon

2 c. à table (30 ml) de mayonnaise

2 c. à table (30 ml) d'estragon frais, haché

1 oignon, haché

2 c. à table (30 ml) de jus d'orange

1 c. à table (15 ml) de sauce Worcestershire

1/2 céleri-rave

2 c. à table (30 ml) de jus de citron

2 c. à table (30 ml) d'huile d'olive

Sel et poivre noir du moulin

14 oz (400 g) de filet de cerf rouge

4 jaunes d'œufs crus

1. Dans un bol, mélanger la moutarde, la mayonnaise, l'estragon, l'oignon, le jus d'orange et la sauce Worcestershire. 2. Peler et émincer le céleri-rave. Arroser de jus de citron et d'huile d'olive. Saler et poivrer au goût. Mélanger et réserver au réfrigérateur. 3. Hacher la viande à l'aide d'un couteau bien aiguisé ou d'un hachoir. Mélanger avec la préparation à l'estragon. Saler et poivrer au goût. 4. Façonner le tartare pour en faire des galettes et disposer celles-ci dans des assiettes individuelles. Presser le centre avec le pouce pour faire une petite cavité et y déposer délicatement un jaune d'œuf. Servir avec un peu de céleri-rave.

{CARPACCIO DE BŒUF AU FROMAGE BLEU}

4 PORTIONS

1/2 lb (250 g) de filet
ou de contrefilet de bœuf

2 c. à table (30 ml) de jus de citron

3 c. à table (45 ml) d'huile d'olive

1/2 tasse (125 ml) de crème à fouetter 35 %

5 oz (150 g) de fromage bleu danois doux

1/4 c. à thé (1 ml) de poivre blanc moulu

1. Congeler la viande pendant 30 minutes. 2. Dans un bol, mélanger le jus de citron et l'huile d'olive. Réserver. 3. Dans un autre bol, fouetter la crème jusqu'à épaississement. Réserver 4 petites tranches de fromage bleu et émietter le reste. À l'aide d'une cuillère, mélanger le fromage émietté avec la crème. 4. À l'aide d'un couteau bien aiguisé ou d'une trancheuse, découper la viande en tranches très fines et disposer celles-ci dans des assiettes individuelles. Arroser d'huile citronnée. 5. Garnir les assiettes de crème au fromage bleu et des tranches de fromage réservées. Poivrer et servir aussitôt.

Cette entrée rafraîchissante peut aussi être préparée avec d'autres variétés d'orange.

{CARPACCIO DE FENOUIL ET D'ORANGE SANGUINE}

4 PORTIONS

1 gros bulbe de fenouil

2/3 tasse (160 ml) de jus d'orange

3 c. à table (45 ml) d'huile d'olive

4 oranges sanguines

Sel

1. Couper et hacher les pluches de fenouil. Réserver. 2. À l'aide d'un couteau bien aiguisé ou d'une trancheuse, couper le bulbe de fenouil en tranches très fines et disposer celles-ci dans une grande assiette. Arroser de jus d'orange et d'huile d'olive. 3. À l'aide du couteau ou de la trancheuse, couper les oranges en fines tranches. 4. Disposer quelques tranches de fenouil dans des assiettes individuelles. Saler légèrement. Couvrir de tranches d'oranges, parsemer de pluches de fenouil hachées et servir aussitôt.

Ce carpaccio peut être servi en dessert avec un sorbet aux agrumes. Il accompagne aussi très bien le poisson grillé.

{CARPACCIO D'ORANGE AU CARVI}

4 PORTIONS

6 oranges

2 c. à table (30 ml) de sucre

1 tasse (250 ml) de jus d'orange

1/2 tasse (125 ml) de liqueur d'orange
(de type Grand Marnier)

1 c. à table (15 ml) de graines de carvi

2 c. à table (30 ml) de zeste d'orange

1. Peler les oranges à vif. Couper en tranches très fines à l'aide d'un couteau bien aiguisé ou d'une trancheuse et disposer celles-ci dans une grande assiette. 2. Saupoudrer les oranges de sucre. Arroser de jus d'orange et de liqueur d'orange, puis laisser macérer au réfrigérateur pendant 1 heure. 3. Disposer délicatement les tranches d'oranges dans des assiettes individuelles. 4. Parsemer des graines de carvi et du zeste d'orange. Servir aussitôt.

La chapelure panko ajoute une touche légèrement croquante à ce plat.

{CARPACCIO DE CHEVAL À LA JAPONAISE}

4 PORTIONS

1/2 lb (250 g) de médaillons de cheval

1/4 tasse (60 ml) de sauce teriyaki

1 c. à table (15 ml) d'huile de sésame

1 c. à table (15 ml) de miel

2 c. à thé (10 ml) de wasabi préparé

1/4 tasse (60 ml) de panko (chapelure japonaise)

2 c. à table (30 ml) de graines de sésame noir

1. Placer la viande au congélateur pendant 1 heure. 2. Dans un bol, mélanger la sauce teriyaki, l'huile de sésame, le miel et le wasabi. 3. À l'aide d'un couteau bien aiguisé ou d'une trancheuse, découper la viande en tranches très fines et disposer celles-ci dans des assiettes individuelles. 4. Arroser de sauce au wasabi, puis saupoudrer de panko et de graines de sésame. Servir aussitôt.

Une séduisante façon de se croire en vacances.

{TARTARE DE FRUITS EXOTIQUES}

6 PORTIONS

1/2 papaye, en petits dés

1 mangue, en petits dés

2 c. à table (30 ml) de graines de grenade

3 c. à table (45 ml) de sucre

1/2 tasse (125 ml) de vin rosé

2 fruits de la passion

2 tasses (500 ml) de glace à la vanille ou à la noix de coco

6 feuilles de menthe

1. Dans un grand bol, mélanger la papaye, la mangue et les graines de grenade. Saupoudrer de sucre, verser le vin et remuer. Couvrir de pellicule plastique et mettre au réfrigérateur pendant 30 minutes. 2. Couper les fruits de la passion en deux, retirer les graines et les mélanger avec les autres fruits. 3. Déposer le mélange de fruits dans des assiettes individuelles. Garnir de la glace et des feuilles de menthe. Servir aussitôt.

Un tartare
au goût exotique
pour exciter
les papilles.

{TARTARE DE CHEVAL AU CARI}

4 PORTIONS

14 oz (400 g) de médaillons de cheval

2 c. à thé (10 ml) de pâte de cari rouge

4 c. à table (60 ml) de yogourt nature

1 c. à thé (5 ml) de miel

1 c. à table (15 ml) de pâte de tomates

2 oignons blancs, hachés

2 c. à table (30 ml) de câpres

8 cornichons fins à la française, hachés

Sel

4 piments forts marinés (facultatif)

1. Hacher la viande très finement à l'aide d'un couteau bien aiguisé. Couvrir de pellicule plastique et mettre au réfrigérateur. 2. Dans un bol, mélanger la pâte de cari, 2 c. à table (30 ml) de yogourt, le miel et la pâte de tomates. Ajouter les oignons, la viande, les câpres et les cornichons. Saler au goût. 3. Répartir le tartare dans des bols individuels. Garnir du reste du yogourt et des piments marinés, si désiré.

Pour ceux qui n'ont pas peur du piment.

{CARPACCIO DE PÉTONCLES ÉPICÉS}

4 PORTIONS

8 gros pétoncles

1/4 tasse (60 ml) d'huile d'olive

2 c. à table (30 ml) de sambal oelek
(sauce indonésienne aux piments forts)

1 oignon, haché

1 c. à table (15 ml) de jus de lime

Fleur de sel

1. Placer les pétoncles au congélateur pendant 30 minutes. 2. Dans un bol, mélanger l'huile d'olive, le sambal oelek, l'oignon et le jus de lime. 3. À l'aide d'un couteau bien aiguisé ou d'une trancheuse, couper les pétoncles en tranches très minces et disposer celles-ci dans des assiettes individuelles. 4. Saupoudrer de fleur de sel, napper de sauce pimentée et servir aussitôt.

Une entrée d'une grande fraîcheur en toute simplicité.

{CARPACCIO DE FENOUIL AU SEL NOIR}

4 PORTIONS

1 bulbe de fenouil

2/3 tasse (160 ml) d'huile d'olive

3 c. à table (45 ml) de jus de pomme

1 c. à table (15 ml) de jus de citron

2 c. à thé (10 ml) de sel noir

2 c. à table (30 ml) de zeste de citron fin

1. À l'aide d'une mandoline, couper le bulbe de fenouil en fines tranches et disposer celles-ci sur une plaque à pâtisserie. 2. Dans un bol, mélanger l'huile d'olive, le jus de pomme et le jus de citron. Verser sur le fenouil et laisser reposer 15 minutes en retournant les tranches une fois à mi-temps. 3. Répartir le carpaccio dans des assiettes individuelles. Saupoudrer de sel noir et garnir de zeste de citron. Servir aussitôt.

{TARTARE DE CRABE ET DE KIWI}

4 PORTIONS

5 kiwis

7 oz (200 g) de chair de crabe

2 c. à table (30 ml) de zeste
de citron, râpé

1/4 tasse (60 ml) de mayonnaise

1 c. à table (15 ml) de jus de citron

1. Découper 4 kiwis en petits cubes et couper l'autre en fines tranches.
2. À l'aide d'un couteau bien aiguisé, hacher la chair de crabe et mélanger dans un bol avec les cubes de kiwis, le zeste de citron et 2 c. à thé (10 ml) de mayonnaise. 3. Dans un autre bol, mélanger le reste de la mayonnaise et le jus de citron. 4. Façonner la préparation au crabe pour en faire des galettes et disposer celles-ci dans des assiettes individuelles. 5. Garnir de sauce mayonnaise et des tranches de kiwi. Servir aussitôt.

{TARTARE DE CREVETTES EN CANTALOUP}

4 PORTIONS

7 oz (200 g) de crevettes nordiques

1 c. à table (15 ml) de crème à fouetter 35 %

1 c. à table (15 ml) de crème sure

1 c. à table (15 ml) de mayonnaise

2 c. à table (30 ml) d'aneth frais, haché

1 c. à thé (5 ml) de poivre long moulu

2 cantaloups

4 c. à thé (20 ml) de vermouth blanc sec

Quelques brins d'aneth

1. Couper les crevettes en petits dés et mélanger dans un bol avec la crème à fouetter, la crème sure, la mayonnaise, l'aneth haché et le poivre. Laisser refroidir au réfrigérateur pendant 20 minutes. 2. Couper les cantaloups en deux. Retirer les graines et verser 1 c. à thé (5 ml) de vermouth dans chacune des cavités. Ajouter le tartare de crevettes. Garnir de brins d'aneth et servir aussitôt.

{ CARPACCIO DE CERF AU THYM }

4 PORTIONS

14 oz (400 g) de filet de cerf rouge

1/4 tasse (60 ml) de ketchup

1/2 tasse (125 ml) de mayonnaise

2 c. à table (30 ml) de thym frais, haché

2 c. à table (30 ml) de jus de citron

1 c. à table (15 ml) de sauce Worcestershire

Sel et poivre noir du moulin

1 bouquet de thym

1. Placer la viande au congélateur pendant 1 heure. 2. Dans un bol, mélanger le ketchup, la mayonnaise, le thym haché, le jus de citron et la sauce Worcestershire. Garder au réfrigérateur jusqu'au moment de servir. 3. À l'aide d'un couteau bien aiguisé ou d'une trancheuse, découper la viande en tranches très fines et disposer celles-ci dans des assiettes individuelles. 4. Napper de sauce au thym, saler et poivrer au goût. Garnir de brins de thym et servir aussitôt.

Magnifique avec sa chair blanche cerclée de rouge, la betterave Chioggia est idéale pour cette recette.

{CARPACCIO DE BETTERAVE CHIOGGIA}

4 PORTIONS

4 betteraves Chioggia

3 c. à table (45 ml) de vinaigre balsamique blanc

2/3 tasse (160 ml) d'huile de noix

1 pincée de sel

1 pincée de poivre noir du moulin

1 petite laitue

1/2 tasse (125 ml) de noix de cajou

1. Peler les betteraves, les couper en tranches très fines et disposer celles-ci sur une plaque à pâtisserie. 2. Dans un bol, mélanger le vinaigre balsamique, l'huile de noix, le sel et le poivre. Verser sur les tranches de betteraves et laisser reposer 10 minutes. 3. Hacher grossièrement la laitue. 4. Disposer les betteraves dans des assiettes individuelles. Répartir la laitue et les noix au centre. Arroser d'un peu de la vinaigrette qui reste et servir aussitôt.

{TARTARE DE QUATRE MELONS}

8 PORTIONS

1/2 melon miel Honeydew

1/2 melon Canari

1/4 melon d'eau

1/2 cantaloup

4 c. à table (60 ml) de sucre

3/4 tasse (180 ml) de liqueur de melon

2 c. à thé (10 ml) d'anis étoilé moulu

1 c. à table (15 ml) de poivre de Guinée (maniguette)

1. Placer les melons au réfrigérateur pendant 4 heures. 2. À l'aide d'une cuillère parisienne, prélever des petites boules dans la chair de tous les melons (on peut aussi couper simplement la chair en cubes). 3. Mettre les boules de melons séparément dans 4 bols et y répartir le sucre, puis la liqueur de melon. Laisser reposer 10 minutes au réfrigérateur. 4. Répartir l'anis étoilé et le poivre dans les bols et mélanger. 5. Égoutter les boules de melons et disposer celles-ci dans des assiettes individuelles en les rangeant séparément ou en les mélangeant.

{CARPACCIO DE SAUMON ET FOIE GRAS}

4 PORTIONS

7 oz (200 g) de filet de saumon frais

3 1/2 oz (100 g) de foie gras de canard au torchon

1/4 tasse (60 ml) de confiture de figues

2 c. à table (30 ml) d'eau chaude

Fleur de sel

1/2 c. à thé (2 ml) d'épices pour pain d'épice

1. Placer le filet de saumon et le foie gras au congélateur pendant 1 heure. 2. Dans un bol, mélanger la confiture et l'eau chaude. 3. À l'aide d'un couteau bien aiguisé ou d'une trancheuse, découper le poisson en tranches très fines et disposer celles-ci dans des assiettes individuelles. Napper de sauce aux figues. 4. Couper le foie gras en copeaux ou le râper. Répartir sur les tranches de saumon. Saupoudrer de fleur de sel et d'épices. Servir aussitôt.

Le parfum de bergamote du thé Earl Grey imprègne délicatement les petits fruits.

{TARTARE DE PETITS FRUITS AU THÉ EARL GREY}

4 PORTIONS

2 sachets de thé Earl Grey

1 tasse (250 ml) d'eau bouillante

7 oz (200 g) de mûres, hachées

7 oz (200 g) de bleuets, hachés

3 1/2 oz (100 g) de groseilles

2 c. à table (30 ml) de sucre

1 c. à table (15 ml) de jus de citron

1 c. à table (15 ml) de zeste de citron

1 bouquet de menthe, haché

1. Infuser les sachets de thé dans l'eau bouillante, puis laisser refroidir complètement. 2. Mettre tous les petits fruits dans un bol. Saupoudrer de sucre et arroser de jus de citron. Verser le thé refroidi et bien mélanger. Couvrir de pellicule plastique et mettre au réfrigérateur pendant 1 heure. 3. Égoutter les fruits et mélanger avec le zeste de citron. 4. Garnir de menthe et servir aussitôt.

On peut ajouter
quelques gouttes
de rhum brun
à ce plat savoureux
et rafraîchissant.

{CARPACCIO D'ANANAS
À L'ANIS VERT}

4 PORTIONS

1 ananas frais

12 fraises

1 c. à table (15 ml) de sucre

2 c. à table (30 ml) de jus d'orange

1/2 tasse (125 ml) de sirop d'érable

1 c. à thé (5 ml) de muscade moulue

1 c. à table (15 ml) de grains d'anis vert

2 c. à thé (10 ml) de cannelle moulue

2 c. à table (30 ml) de jus de lime

1. Éplucher l'ananas et couper les extrémités. Couper le fruit sur la longueur en 4 morceaux et jeter la partie dure au centre. 2. À l'aide d'une trancheuse ou d'un très long couteau, couper chaque morceau d'ananas en fines tranches sur la longueur et disposer celles-ci dans des assiettes individuelles. Couvrir de pellicule plastique et réserver au réfrigérateur. 3. Couper les fraises en bâtonnets et mélanger délicatement dans un bol avec le sucre et le jus d'orange. Couvrir et réserver au réfrigérateur. 4. Dans un autre bol, mélanger le sirop d'érable, la muscade, l'anis, la cannelle et le jus de lime. Laisser reposer au moins 20 minutes à température ambiante. 5. Badigeonner le dessus des tranches d'ananas de sirop d'érable épicé. Garnir des bâtonnets de fraises et servir aussitôt.

{CARPACCIO DE SAUMON FUMÉ À LA VODKA}

6 PORTIONS

1 lb (500 g) de saumon fumé

7 oz (200 g) de noisettes, hachées

3 c. à table (45 ml) de sucre

1 c. à table (15 ml) de gingembre moulu

1 c. à thé (5 ml) de poivre noir du moulin

2 c. à table (30 ml) d'huile de noisette

2 c. à table (30 ml) de fleur de sel

1 bouquet d'aneth, haché

1/2 tasse (125 ml) de vodka bien froide

1. Placer le saumon fumé au congélateur pendant 2 heures. 2. Dans un bol, mélanger les noisettes, le sucre, le gingembre, le poivre et l'huile de noisette. 3. À l'aide d'un couteau bien aiguisé ou d'une trancheuse, découper le poisson en tranches très fines et disposer celles-ci dans des assiettes individuelles. 4. Parsemer de fleur de sel et d'aneth. Garnir du mélange de noisettes, arroser de vodka et servir aussitôt.

{CARPACCIO DE SOLE AUX CERISES}

4 PORTIONS

14 oz (400 g) de filet de sole

3 c. à table (45 ml) d'huile de noisette

3 c. à table (45 ml) de kirsch

14 oz (400 g) de cerises

1 c. à table (15 ml) de graines de fenouil

Fleur de sel

1. Placer le poisson au congélateur pendant 30 minutes. 2. Dans un bol, mélanger l'huile de noisette et le kirsch. 3. À l'aide d'un couteau bien aiguisé ou d'une trancheuse, découper le poisson en tranches très fines et disposer celles-ci dans des assiettes individuelles. Arroser d'huile aromatisée au kirsch. 4. Couper les cerises en tranches très fines. Garnir la sole des cerises et des graines de fenouil. Saupoudrer de fleur de sel et servir aussitôt.

Le maïs soufflé donne une texture croquante à ce tartare inusité.

{TARTARE DE BŒUF AU MAÏS SOUFFLÉ}

4 PORTIONS

1 lb (500 g) de filet
ou de contrefilet de bœuf

2 c. à table (30 ml) de persil frais, haché

3 c. à table (45 ml) de ciboulette
fraîche, hachée

1 c. à table (15 ml) de basilic frais, haché

2 c. à thé (10 ml) de moutarde de Dijon

3 c. à table (45 ml) de salsa picante
(sauce mexicaine piquante)

5 oz (150 g) de maïs soufflé

1/4 tasse (60 ml) de beurre salé, fondu

1. Hacher très finement la viande au couteau et mélanger dans un bol avec les fines herbes, la moutarde et la salsa picante. Garder au réfrigérateur pendant 30 minutes. 2. Façonner des galettes avec la viande et disposer celles-ci dans des assiettes individuelles. 3. Arroser le maïs soufflé de beurre fondu. 4. Garnir les galettes du maïs soufflé et servir aussitôt.

{TARTARE DE MANGUE AU CHOCOLAT BLANC}

4 PORTIONS

2 mangues, pelées et coupées en petits cubes

1 c. à table (15 ml) de basilic thaï frais, haché

2 c. à table (30 ml) de sucre

1/4 tasse (60 ml) de thé glacé

1 morceau de chocolat blanc de 3 1/2 oz (100 g)

1/2 lb (250 g) de framboises, hachées grossièrement

1. Mettre la mangue et le basilic dans un bol. Saupoudrer de sucre et arroser de thé glacé. Mélanger et laisser reposer 10 minutes à température ambiante. 2. À l'aide d'un couteau, prélever des rouleaux ou des copeaux dans le morceau de chocolat. 3. Égoutter la mangue et la disposer dans des assiettes individuelles. Ajouter les framboises et garnir de chocolat. Servir aussitôt.

Un plat original
et très goûteux.

{CARPACCIO DE CHEVAL
À L'ORIGAN}

4 PORTIONS

14 oz (400 g) de médaillons de cheval

1 bouquet d'origan frais, haché

1/2 tasse (125 ml) d'huile d'olive

1/2 c. à thé (2 ml) de paprika fumé
(pimentón)

Sel et poivre noir du moulin

3/4 tasse (180 ml) de yogourt nature

1/2 tasse (125 ml) de mayonnaise

8 oignons nouveaux, en fines rondelles

1. Placer la viande au congélateur pendant 1 heure. **2.** Dans un bol, mélanger 2 c. à table (30 ml) d'origan, l'huile d'olive et le paprika. Saler et poivrer au goût. **3.** Dans un autre bol, mélanger le yogourt, la mayonnaise et le reste de l'origan. **4.** À l'aide d'un couteau bien aiguisé ou d'une trancheuse, découper la viande en tranches très fines et disposer celles-ci dans des assiettes individuelles. **5.** Garnir des oignons et arroser d'huile à l'origan. Servir aussitôt avec la sauce au yogourt.

{CARPACCIO DE MANGUE ET DE FENOUIL}

4 PORTIONS

2 mangues

2 c. à table (30 ml) de jus d'orange

1/2 bulbe de fenouil

1 c. à table (15 ml) de sucre

4 c. à thé (20 ml) de vinaigre balsamique

1. Peler les mangues et les couper en fines tranches à l'aide d'un couteau bien aiguisé ou d'une trancheuse. Arroser de jus d'orange et réserver. 2. Couper le bulbe de fenouil en fins bâtonnets et mélanger avec le sucre. 3. Disposer les tranches de mangues dans des assiettes individuelles. Garnir du fenouil, arroser de vinaigre balsamique et servir aussitôt.

{ CARPACCIO DE COURGETTES AUX FRAMBOISES }

4 PORTIONS

2 courgettes vertes

2 courgettes jaunes

1/4 tasse (60 ml) de jus d'orange

1 c. à table (15 ml) de fleur de sel

1 lb (500 g) de framboises

3 c. à table (45 ml) de jus de citron

1/4 tasse (60 ml) d'huile de maïs

Quelques pousses de laitue

1. À l'aide d'un couteau bien aiguisé ou d'une trancheuse, couper toutes les courgettes en tranches très fines et disposer celles-ci dans un grand plat. Arroser de jus d'orange et saupoudrer de fleur de sel. Laisser reposer 10 minutes à température ambiante. 2. Dans un bol, écraser les framboises à la fourchette. Ajouter le jus de citron et l'huile de maïs, puis bien mélanger. 3. Disposer les tranches de courgettes dans des assiettes individuelles. Napper de sauce aux framboises et garnir de pousses de laitue. Servir aussitôt.

On peut préparer
ce tartare avec
les enfants.

{TARTARE DE PÊCHES ET DE FRAISES À LA GUIMAUVE}

4 PORTIONS

3/4 lb (375 g) de fraises

2 pêches jaunes, en petits cubes

3 c. à table (45 ml) de sirop de canne

2 oz (60 g) de guimauves miniatures

1. Réserver 4 fraises entières et couper le reste en petits cubes.
2. Mélanger les cubes de fraises et de pêches dans un bol. Arroser de sirop de canne et laisser macérer 30 minutes. 3. Ajouter les guimauves et mélanger. Égoutter et réserver le liquide. Disposer le tartare dans des assiettes individuelles. 4. Garnir des fraises entières, arroser du liquide réservé et servir aussitôt.

LES SAUCES

Voici quelques recettes de sauces pour varier les présentations et les saveurs de vos carpaccios et de vos tartares. Par exemple, le Carpaccio de bœuf traditionnel peut être présenté avec une sauce aux noix, une sauce au roquefort ou une sauce orientale selon les goûts de vos convives. Si vous avez le temps de cuisiner, offrez-leur plusieurs sauces afin que chacun puisse choisir à sa guise. Ces sauces se préparent en quelques minutes seulement et se conservent deux jours au réfrigérateur.

SAUCE FRANÇAISE
AUX FINES HERBES

2 c. à table (30 ml) de cerfeuil frais, haché

1 c. à table (15 ml) de persil frais, haché

1 c. à table (15 ml) de ciboulette fraîche, hachée

1 c. à table (15 ml) d'estragon frais, haché

1/2 tasse (125 ml) d'huile d'olive

1 c. à table (15 ml) de vinaigre de vin

2 c. à thé (10 ml) de moutarde de Dijon

1 pincée de sel

1 pincée de poivre

1 c. à table (15 ml) de jus d'orange

1. Au robot culinaire, mélanger tous les ingrédients pendant 2 minutes. Rectifier l'assaisonnement au besoin.

MAYONNAISE

4 PORTIONS

3 jaunes d'œufs

2 c. à table (30 ml) de moutarde de Dijon

1 tasse (250 ml) d'huile de tournesol

3 c. à table (45 ml) de jus de citron

1 pincée de sel

1/2 c. à thé (2 ml) de poivre

1 c. à thé (5 ml) d'estragon frais, haché

1. Au robot culinaire, mélanger les jaunes d'œufs et la moutarde. Verser l'huile de tournesol en filet sans arrêter le robot et mélanger pendant 1 minute. Ajouter tous les autres ingrédients et mélanger pendant 1 minute. Garder au réfrigérateur jusqu'au moment de servir.

SAUCE AU ROQUEFORT

4 PORTIONS

3 1/2 oz (100 g) de roquefort

2 c. à table (30 ml) de mayonnaise

1 tasse (250 ml) de crème à fouetter 35 %

1/4 c. à thé (1 ml) de poivre de Sichuan moulu

1 c. à table (15 ml) de persil frais, haché

1. Dans un bol, écraser le roquefort à la fourchette. Ajouter la mayonnaise et mélanger. Verser la crème et mélanger au fouet pendant 1 minute. Incorporer le poivre de Sichuan et le persil, puis bien mélanger. Garder au réfrigérateur jusqu'au moment de servir.

SAUCE ROSE

4 PORTIONS

2 c. à table (30 ml) de pesto de tomates séchées

1 tasse (250 ml) de mayonnaise

1/2 tasse (125 ml) de lait

2 c. à table (30 ml) de persil frais, haché

2 c. à table (30 ml) de basilic frais, haché

1. Au robot culinaire, mélanger tous les ingrédients pendant 2 minutes.

SAUCE ORIENTALE

4 PORTIONS

1/2 tasse (125 ml) de sauce soya

1 piment fort

1 tasse (250 ml) d'huile de sésame

1 morceau de gingembre de 2 po (5 cm), râpé

2 oignons verts, hachés

1 c. à table (15 ml) de moutarde de Dijon

1. Au robot culinaire, mélanger tous les ingrédients pendant 2 minutes.

SAUCE AUX CÂPRES

4 PORTIONS

3 jaunes d'œufs

2 c. à table (30 ml) de moutarde de Dijon

1 tasse (250 ml) d'huile de tournesol

1 c. à table (15 ml) de jus de citron

1 c. à table (15 ml) de vinaigre de vin blanc

1 pincée de sel

1/2 c. à thé (2 ml) de poivre

2 c. à table (30 ml) de câpres

1. Au robot culinaire, mélanger les jaunes d'œufs et la moutarde. Verser l'huile de tournesol en filet sans arrêter le robot et mélanger pendant 1 minute. Ajouter tous les autres ingrédients et mélanger pendant 1 minute. Garder au réfrigérateur jusqu'au moment de servir.

SAUCE AUX POIVRONS ROUGES

4 PORTIONS

2 poivrons rouges rôtis pelés en conserve

1 gousse d'ail

1 bouquet de coriandre

1 pincée de sel

1/2 tasse (125 ml) d'huile d'olive

1 c. à table (15 ml) de vinaigre de xérès

1. Au robot culinaire, réduire les poivrons, l'ail et la coriandre en purée grossière. Ajouter tous les autres ingrédients et mélanger pendant 2 minutes. Garder au réfrigérateur jusqu'au moment de servir.

SAUCE AUX TOMATES SÉCHÉES

4 PORTIONS

3 1/2 oz (100 g) de tomates séchées

3 c. à table (45 ml) de whisky

1 tasse (250 ml) de mayonnaise

3 c. à table (45 ml) de crème sure

Sel et poivre noir du moulin

1. Mettre les tomates séchées et le whisky dans un bol et laisser macérer à température ambiante pendant 4 heures. Égoutter les tomates séchées en conservant le jus de macération 2. Au robot culinaire, hacher les tomates séchées, puis les mettre dans un bol avec leur jus de macération. Ajouter la mayonnaise et la crème sure. Mélanger et assaisonner au goût. Garder au réfrigérateur jusqu'au moment de servir.

Cette sauce accompagne bien tous les poissons.

SAUCE AUX TRUFFES

4 PORTIONS

1 botte de ciboulette fraîche, hachée

1 c. à table (15 ml) de moutarde de Dijon

1 pincée de sel

1 c. à thé (5 ml) de bouillon de bœuf instantané

2/3 oz (20 g) de pelures de truffes

1/2 tasse (125 ml) de crème à fouetter 35 %

1/2 tasse (125 ml) de mayonnaise

1. Au robot culinaire, mélanger la ciboulette, la moutarde et le sel. Ajouter tous les autres ingrédients et mélanger pendant 3 minutes.

SAUCE À LA VODKA

4 PORTIONS

1 pomme, râpée

1 échalote, hachée

2 c. à table (30 ml) de jus de lime

1/2 tasse (125 ml) d'huile de pépins de raisin

1/2 tasse (125 ml) de vodka

Sel et poivre noir du moulin

3 jaunes d'œufs durs

1. Au robot culinaire, mélanger la pomme et l'échalote. Ajouter le jus de lime, l'huile de pépins de raisin et la vodka. Saler et poivrer généreusement. Mélanger pendant 1 minute, puis transvider dans un bol. 2. Ajouter les jaunes d'œufs et les écraser à l'aide d'une fourchette.

Cette sauce est particulièrement appréciée avec les viandes sauvages.

SAUCE À LA ROQUETTE

4 PORTIONS

7 oz (200 g) de roquette sauvage

1 c. à table (15 ml) de moutarde de Dijon

2 c. à table (30 ml) de mayonnaise

1/2 tasse (125 ml) de mascarpone

1/4 c. à thé (1 ml) de sel

1. Au robot culinaire, réduire les feuilles de roquette en purée. 2. Ajouter tous les autres ingrédients et mélanger pendant 2 minutes. Garder au réfrigérateur jusqu'au moment de servir.

SAUCE AUX OLIVES

4 PORTIONS

3 1/2 oz (100 g) d'olives noires dénoyautées, hachées

4 tomates mûres, hachées

1 c. à table (15 ml) de câpres

Sel et poivre noir du moulin

1/2 tasse (125 ml) d'huile d'olive

1 c. à table (15 ml) de jus de citron

1. Dans un bol, mélanger les olives, les tomates et les câpres. Saler et poivrer au goût. Ajouter l'huile d'olive et le jus de citron, puis fouetter à l'aide d'une fourchette.

SAUCE AUX AGRUMES

4 PORTIONS

1 lime

1 pamplemousse

2 oranges

1 bouquet de basilic thaï, haché

1 pincée de poivre

1 c. à thé (5 ml) de sucre

3 c. à table (45 ml) d'huile d'olive

1. Peler les agrumes à vif, puis hacher la chair. 2. Au robot culinaire, mélanger tous les ingrédients, sauf l'huile d'olive, pendant 1 minute. Ajouter l'huile et mélanger pendant 2 minutes.

{INDEX}

FRUITS DE MER

SAUCES ET CONDIMENTS

VIANDES

Agneau

Bison et cerf

Bœuf et veau

Canard

Cheval

REMERCIEMENTS

Un éditeur, c'est essentiel. Mais quand il est gourmand, c'est encore mieux! Merci à Jean Paré, qui sait m'encourager chaleureusement à partager mes connaissances culinaires avec le public. Mes conversations avec lui me donnent toujours envie de pousser davantage mes recherches et de me surpasser.

C'est grâce au soutien constant de plusieurs personnes qu'il m'est possible de faire mes nombreuses expériences culinaires. Je remercie de tout cœur les représentants des entreprises suivantes :

Breville : Grâce à vos robots culinaires, mes sauces sont toujours réussies.

La Maison du gibier : Vos conseils ont été un élément essentiel de mes recherches.

Le Glacier Bilboquet : Quand on cuisine sans cuisson, les glaces sont souvent d'un secours précieux et les vôtres sont toujours de la plus grande qualité.

Monsieur Basilic : Vos herbes et vos pousses agrémentent à merveille les recettes de ce livre.

Revol : Votre porcelaine embellit toutes mes recettes.

Merci à mon équipe de cuisine, qui me réconforte lorsque j'en ai besoin.

Merci à l'équipe éditoriale, qui me corrige toujours avec affection.

Qui dit plaisir de cuisine dit plaisir des yeux. Merci à Philip, mon cher complice, qui a su honorer la simplicité des tartares et des carpaccios grâce à ses magnifiques photos.

Les Éditions Transcontinental
5800, rue Saint-Denis, bureau 900
Montréal (Québec) H2S 3L5
Téléphone : 514 273.1066 ou 1 800 361-5479
www.livres.transcontinental.ca

Pour connaître nos autres titres,
consultez www.livres.transcontinental.ca.
Pour bénéficier de nos tarifs spéciaux s'appliquant
aux bibliothèques d'entreprise
ou aux achats en gros, informez-vous
au 1 866 800-2500 (et faites le 2).

Catalogage avant publication de Bibliothèque
et Archives nationales du Québec et Bibliothèque
et Archives Canada
Jourdan, Andrea
Tartares & carpaccios
Comprend un index.
ISBN 978-2-89472-617-4
1. Tartare (Cuisine). 2. Aliments crus.
3. Cuisine (Plats froids).
I. Titre. II. Titre: Tartares et carpaccios.
TX830.J68 2012 641.7'9 C2012-940399-7

Révision linguistique : Linda Nantel
Correction d'épreuves : Pierrette Dugal-Cochrane,
Odette Lord
Conception graphique et infographie :
Marie-Josée Forest
Impression : Transcontinental Interglobe

Imprimé au Canada
© Les Éditions Transcontinental, 2012
Dépôt légal – Bibliothèque et Archives nationales
du Québec, 2e trimestre 2012
Bibliothèque et Archives Canada

Nous reconnaissons l'aide financière du
gouvernement du Canada par l'entremise
du Fonds du livre du Canada pour nos activités
d'édition.

Nous remercions également la SODEC de son
appui financier (programmes Aide à l'Édition et
Aide à la promotion).

ASSOCIATION NATIONALE DES ÉDITEURS DE LIVRES

Les Éditions Transcontinental
sont membres de l'Association
nationale des éditeurs de livres.